Lienhard Pflaum

Kampf, Anfechtung, Überwindung

Biblische Hinweise zu dem uns
aufgetragenen Kampf des Glaubens

Verlag der
Liebenzeller Mission
Bad Liebenzell

ISBN 3 88002 068 X

© Copyright 1978 by Verlag der Liebenzeller Mission, Bad Liebenzell
Umschlaggestaltung: Günther Saalmann
Umschlagfoto: Artreference
Herstellung: Copydruck, Heimsheim
Printed in Germany

Inhalt

Einleitung

Es war in den ersten Jahren nach dem Zweiten Weltkrieg. Pfarrer Wilhelm Busch, der bekannte Evangelist und Leiter des Wilhelm-Weigle-Hauses in Essen, sprach im Konvent der Mannheimer Pfarrer zu aktuellen Fragen. Als Theologiestudent durfte ich an diesem Pfarrkonvent teilnehmen. Wir waren in einer Holz-Notkirche auf dem Ruinen-Grundstück der Trinitatis-Kirche versammelt.

Wilhelm Busch schilderte, mir unvergeßlich, die kirchliche Situation nach dem Zusammenbruch Deutschlands im Jahr 1945: Das Dritte Reich ist verschwunden. Der Kirchenkampf ist beendet. Der Druck ist weg. Wir leben wieder in Freiheit. Die Kirche hat große evangelistische Möglichkeiten und Aufgaben. Aber wir, die Kirche, stehen Gewehr bei Fuß. Nichts geschieht. Dafür kommt der alte Liberalismus mit einem dialektischen Knall durch die Hintertüre wieder in die Kirche herein. – Wilhelm Busch meinte damit die aufkommende Bultmannsche Theologie, besonders das Entmythologisierungs-Programm. Ein Pfarrer wollte widersprechen. Der alte Dekan Kirchenrat Joest, eine ehrwürdige Gestalt, wies den Amtsbruder ernst zurecht und sprach, zu Wilhelm Busch gewandt: Bruder Busch, Sie haben recht!

Ja, Wilhelm Busch hatte recht.

Der Kirchenkampf mündete nicht in eine durchgreifende theologische Neubesinnung und in eine dauerhafte kirchliche Neubelebung ein. Der volksmissionarische Vorstoß und die evangelistische Durchdringung unseres Volkes blieben aus. Erste, da und dort sichtbare Anzeichen und Hoffnung weckende Ansätze führten nicht weiter. Reformen in Liturgie und Kirchenordnungen waren ein nicht besonders fruchtbarer Versuch, die Kirche neu zu festigen und zu beleben. Auf die ersten Blütenansätze legte sich bald der Rauhreif der theologischen Entwicklung.

Manche gediegene theologische Arbeit der ersten Nachkriegsjahre blieb ohne Breitenwirkung. Die aufkommende

Bultmann-Schule wirkte wie ein einbrechender, entwurzelnder Sturm, der den Boden kirchlichen Lebens entblößte. Aktivismus und Humanwissenschaften, Ideologien und revolutionäre Gedanken gewannen Einfluß.

Symptomatisch für die Entwicklung des kirchlichen Lebens in den Jahrzehnten nach dem Zweiten Weltkrieg sind der Schwund der Kerngemeinde sowie der Rückgang der Mission und der Diakonie.

Innerhalb der Kirche erwachten Gegenreaktionen. Tatsächlich trafen die Bibelkritik und die Leugnung der Gottessohnschaft Jesu das kirchliche Leben ins Herz. Es entstanden die Ludwig-Hofacker-Vereinigung in Württemberg, die Bekenntnisbewegung „Kein anderes Evangelium", kirchliche Sammlungen und andere Gruppen. Der Pietismus begann, die Kirche nach ihrer Bibelgrundlage zu fragen; denn gesundes Leben und gesunde Lehre sind unlösbar miteinander verbunden.

Die verschiedenen Gruppen und Bewegungen innerhalb der evangelischen Kirche und Theologie, denen es um die Bibeltreue und Bekenntnisbindung der Landeskirchen geht oder denen der evangelistische, missionarische und diakonische Auftrag der Kirche am Herzen liegt, befinden sich heute in einer Phase der Besinnung und selbstkritischen Prüfung auf ihren Auftrag.

Nur ein geistlich geführter Kampf hat Verheißung. Bibel- und Bekenntnisbindung darf sich nicht in toter Orthodoxie auswirken, sondern muß zu einer „dynamischen Orthodoxie" werden. Wächteramt und evangelistischer Auftrag gehören zusammen. Es geht um die Rettung von Menschen vor dem ewigen Verderben. Gerettetsein wirkt Rettersinn. Es geht letztlich, wie es die Ludwig-Hofacker-Vereinigung in Württemberg in ihrem Programm formuliert, um „Lebendige Gemeinde". Lebendige Gemeinde ist stets auch missionarische und diakonische Gemeinde.

Die Beiträge in diesem Büchlein möchten ein paar Anstöße und Hinweise für die Neubesinnung geben.

Da das geistliche Ringen, der Einsatz und Dienst für Jesus, stets mit Anfechtungen verbunden sind, sind dem ersten und zweiten Teil dieses Buches einige Gedanken über die Anfechtung beigefügt.

Der regelgerechte Kampf[1]

Es war schon immer ein Kampf

Kürzlich besuchte ich meinen Onkel. Er zählt zu den „Stillen im Lande". Neben seinem irdischen Beruf diente er von jungen Jahren an am Wort Gottes und half nebenzeitlich in der Reichsgottesarbeit mit. Er erlebte in der Gemeinschaftsarbeit und in der Kirche mancherlei. Alles Geschehen verfolgte er mit der Bibel in der Hand und mit der ihm eigenen, stillen Beobachtungsgabe.

Als ich ihm bei diesem Besuch von Problemen, Nöten und Schwierigkeiten in der Reichsgottesarbeit und im Dienst berichtete, sagte er im Rückblick auf die Jahrzehnte seines Lebens und nebenzeitlichen Dienstes lächelnd und tröstend zu mir: „Es war schon immer ein Kampf. Es gedenkt mir nicht anders."

Er hatte recht. So erlebte es der Apostel Paulus. Angesichts des bevorstehenden Todes bekannte er im Rückblick auf sein Leben: „Ich habe den guten Kampf gekämpft" (2. Tim. 4,7).

Seinen jungen Freund und Mitarbeiter Timotheus ermahnt er in seinen beiden Briefen, den Dienst recht auszurichten und ihn so zu tun, daß er vor dem HErrn bestehen kann. Darum ermahnte er ihn wiederholt, dem notwendigen Kampf nicht auszuweichen, sondern ihn recht zu bestehen: „Kämpfe den guten Kampf des Glaubens" (1. Tim. 6,12). „Wenn jemand auch kämpft, so wird er doch nicht gekrönt, er kämpfe denn recht" (2. Tim. 2,5).

Es gibt keine Nachfolge Jesu und es gibt auch keinen Dienst für Jesus ohne Kampf und Überwindung. Dieser Sachverhalt zieht sich vom Anfang der Gemeinde Jesu an durch die Kirchengeschichte hindurch bis zur Gegenwart und wird bleiben bis zur Wiederkunft unseres HErrn.

Der im letzten Jahrhundert lebende und in der Schweiz wirkende Pfarrer Friedrich Oser hat diese Erkenntnis in die Liedworte gefaßt:

Zeuch an die Macht, du Arm des HErrn,
wohlauf und hilf uns streiten!
Noch hilfst du deinem Volke gern,
wie du getan vor Zeiten.
Wir sind im Kampfe Tag und Nacht;
o HErr, nimm gnädig uns in acht
und steh uns an der Seiten.

Vor einigen Jahrzehnten dichtete Otto Riethmüller in bewegter und bedrängnisvoller Zeit sein heute noch ebenso wie damals aktuelles Lied mit den Versen:

In die Wirrnis dieser Zeit
fahre, Strahl der Ewigkeit,
zeig den Kämpfern Platz und Pfad
und das Ziel der Gottesstadt.

Mach in unsrer kleinen Schar
Herzen rein und Augen klar,
Wort zur Tat und Waffen blank,
Tag und Weg voll Trost und Dank.

„Wir sind im Kampfe Tag und Nacht." Wir leben in einer in jeder Hinsicht wirren Zeit. Und die Wirrnis dieser Zeit nimmt zu. Liedworte, die vor etwa 300 Jahren von einem Schüler August Hermann Franckes, nämlich von Johann Heinrich Schröder, als Gebetslied verfaßt worden sind, werden heute fast zu einem Schrei aus der Tiefe:

Jesu, hilf siegen, du Fürste des Lebens;
sieh, wie die Finsternis dringet herein;
wie sie ihr höllisches Heer nicht vergebens
mächtig aufführet, mir schädlich zu sein.
Satan, der sinnet auf allerhand Ränke,
wie er mich sichte, verstöre und kränke.

Jesu, hilf siegen und laß mich nicht sinken!
Wenn sich die Kräfte der Lüge aufblähn
und mit dem Scheine der Wahrheit sich schminken,
laß doch viel heller dann deine Kraft sehn.
Steh mir zur Rechten, o König und Meister,
lehre mich kämpfen und prüfen die Geister.

„Lehre mich kämpfen und prüfen die Geister!" Darauf kommt es an. Wir, die wir im Bekenntnisringen dieser Tage stehen, sind angehalten, uns neu auf den uns aufgetragenen Kampf, auf die geistige und geistliche Auseinandersetzung zu besinnen. Es ist nicht entscheidend, *daß* wir kämpfen, sondern *wie* wir kämpfen!

In den letzten Monaten, vielleicht dürfen wir auch sagen: in den letzten zwei bis drei Jahren, beobachten wir in den verschiedenen Gruppen, Werken und Verbänden der Gemeinde Jesu und nicht zuletzt in unseren Landeskirchen eine zunehmende geistliche Lähmung und eine aufkommende neue, verdeckte Krisensituation. Umso wichtiger ist eine gründliche und tiefgreifende Besinnung mit der Bitte: „Lehre mich kämpfen und prüfen die Geister!" Nur so können wir Verzagtheit und Mutlosigkeit, Uneinigkeit und Differenzen, Lähmung und fehlende Stoßkraft überwinden.

Auf die Bitte: „Lehre mich kämpfen!", antwortet uns der HErr in seinem Wort (2. Tim. 2,5):

„Wenn jemand auch kämpft,
wird er doch nicht gekrönt,
er kämpfe denn recht."

Wörtlich: „... er kämpfe denn regelgerecht." Der HErr erwartet von uns den regelgerechten Kampf. Nur dieser Kampf hat Verheißung. Wer ist ein regelgerechter Kämpfer?

Der regelgerechte Kämpfer sieht nüchtern den Feind. Er richtet sich nach den Weisungen seines HErrn. Und er schaut auf das Ziel seines Einsatzes.

I. Der regelgerechte Kämpfer sieht nüchtern den Feind

Gottes Wort enthüllt uns ernüchternd die Hintergründigkeit des Kampfes und den Ernst der Situation.

A. „Wir haben nicht mit Fleisch und Blut zu kämpfen, sondern mit Mächtigen und Gewaltigen, nämlich mit den Herren der Welt, die in dieser Finsternis herrschen, mit den bösen Geistern unter dem Himmel" (Eph. 6,12)

Mit diesem Wort ist die Kampfessituation blitzartig erhellt.

In diesem Glaubenskampf und im geistlichen Ringen unserer Zeit haben wir es nicht nur mit Menschen zu tun, auch wenn wir vordergründig Menschen gegenüberstehen. Sie sind letztlich Figuren auf dem Schachbrett der Gesamtsituation, die von dem Widersacher Gottes eingesetzt und geschoben werden.

Nebenbei bemerkt, macht uns diese Erkenntnis frei gegenüber den Widersachern. Wir haben es letztlich nicht mit persönlichen Angriffen und Anfeindungen zu tun, sondern mit einer anderen, hintergründigen Macht. Dadurch werden wir frei, Liebe und Wahrheit in das rechte Verhältnis zu setzen. Liebe ohne Wahrheit ist ein Schwamm, Wahrheit ohne Liebe ein Scharfrichter.[3] So können wir mit aller gebotenen Entschiedenheit kämpfen und zugleich den Menschen segnend und mit Liebe begegnen.

Gottes Wort zeigt uns die Wirklichkeit. Wir leiden unter notvollen Situationen in Kirche und Theologie. Aber wir haben es dabei nicht nur mit mißlichen Verhältnissen zu tun. Vielmehr sind sie Auswirkungen von Bewegungen und Aktivitäten in einem Bereich hinter den Kulissen der sichtbaren Welt- und Kirchengeschichte, in einem Bereich, der unserem Blick entzogen ist.

Ideologien tauchen auf und faszinieren Menschen. Geistesbewegungen überkommen uns. Woher sind sie inspiriert? Sind sie nur menschliches Machwerk?

Der Apostel Paulus spricht von „dem Lauf dieser Welt, nach dem Mächtigen, der in der Luft herrscht, nämlich nach dem Geist, der zu dieser Zeit sein Werk hat in den Kindern des Unglaubens" (Eph. 2,2).

In der Offenbarung des Johannes lesen wir in Kapitel 12,9: „Satan, der die ganze Welt verführt." Er verführt jedoch nicht nur die Welt, sondern er greift auch die Gemeinde Jesu Christi an. Mit der Welt hat er ein leichtes Spiel. Aber auf klar sehende und biblisch gegründete Werke und Gruppen in der Christenheit hat er es besonders abgesehen. Hier setzt er seine besten Generale und Offiziere ein. In der Gemeinde Jesu Christi greift er listig an. Doch Gottes Wort deckt uns diese Listen und Schlingen des Feindes auf.

Er sendet Irrlehren.

Der Apostel Paulus warnt Timotheus (1. Tim. 4,1-2): „Der Geist aber sagt deutlich, daß in den letzten Zeiten werden etliche von dem Glauben abfallen und anhangen den verführerischen Geistern und Lehren böser Geister durch die Heuchelei der Lügenredner, die ein Brandmal in ihrem Gewissen haben."

Diese Irrlehren treten im Bereich der theologischen Arbeit und Forschung im wissenschaftlichen Gewand auf. Der heimgegangene Dekan i. R. D. Friedrich Hauß, der mir ein väterlicher Freund war, sagte mir einmal: Wenn er Bücher der bibelkritischen, modernistischen Theologie öffne und lese — wir sprachen damals über das Entmythologisierungsprogramm Bultmanns —, sei es ihm, als sprängen ihm Dämonen entgegen. Er war bei aller Nüchternheit und Wissenschaftlichkeit ein Mann, der ein besonderes Gespür für diese Hintergründigkeit hatte und dem auch die Vollmacht gegeben war, im Namen Jesu zu gebieten.

Solche Irrlehren können uns auch in den Reihen der Gläubigen, der Gemeindeglieder, begegnen, und zwar als eine tiefere geistliche Erkenntnis oder als neue Geistesaufbrüche oder Geistesbewegungen, die vorgeben, daß sie die offene Tür zur göttlichen Vollmacht gefunden hätten.

Der Widersacher Gottes inszeniert nicht nur lehr- und erkenntnismäßig Irrlehren, sondern er verführt auch lebensmäßig auf Irrwege in der vollen Bandbreite von einer scheinbar frommen Askese bis hin zu einem scheinbar evangeliumsgemäßen Libertinismus.

Der Feind wird innerhalb der Gemeinde Jesu Christi nie grobschlächtig auftreten, sondern so, wie es der Apostel Paulus im 2. Korintherbrief, Kapitel 11, 13-15, beschreibt: „Solche falschen Apostel und arglistigen Arbeiter verstellen sich zu Christi Aposteln. Und das ist auch kein Wunder; denn er selbst, der Satan, verstellt sich zum Engel des Lichtes. Darum ist es nichts Großes, wenn sich auch seine Diener verstellen als Diener der Gerechtigkeit; deren Ende wird sein nach ihren Werken." Er gaukelt uns einen anderen Christus vor. Er betört und bezaubert uns mit einem anderen Geist. Er verführt uns mit einem anderen Evangelium.

Luther hat dies in seinem reformatorischen Ringen schmerzlich erfahren:

Der alt böse Feind,
mit Ernst er's jetzt meint;
groß Macht und viel List
sein grausam Rüstung ist,
auf Erd ist nicht seinsgleichen.

B. Der Kampf nimmt zu

Der Apostel Paulus weist Timotheus betont auf die letzten Zeiten hin. „Der Geist aber sagt deutlich, daß in den letzten Zeiten werden etliche vom Glauben abfallen und anhangen den verführerischen Geistern..." (1.Tim. 4,1). „Das sollst du aber wissen, daß in den letzten Tagen werden greuliche Zeiten kommen. Denn es werden die Menschen viel von sich halten ... die da haben den Schein eines gottesfürchtigen Wesens, aber seine Kraft verleugnen sie" (2.Tim. 3,1-2.5). Der Apostel Paulus rechnet mit einer Verschlimmerung der Situation, mit einem zunehmenden Abfall, mit einer sich zusammenballenden dämonischen Macht (2.Thess. 2,1-4): „Was nun das Kommen unseres HErrn Jesus Christus angeht und unsere Vereinigung mit ihm, so bitten wir euch, liebe Brüder, daß ihr euch nicht so bald wankend machen lasset in eurem Sinn, noch erschrecken, weder durch eine Offenbarung im Geist noch durch ein Wort noch durch einen Brief, wie von uns gesandt, als ob der Tag des HErrn schon da sei. Lasset euch von niemand verführen, in keinerlei Weise; denn er kommt nicht, es sei denn, daß zuvor der Abfall komme und offenbart werde der Mensch der Sünde, der Sohn des Verderbens, der da ist der Widersacher und sich erhebt über alles, was Gott oder Gottesdienst heißt." Dies ist der klare Blick in die Zukunft, in die wir hineinschreiten.

Die Offenbarung des Johannes zeigt uns die Hintergründe dieser Entwicklung deutlich (Offb. 12,9.12.17): „Es ward gestürzt der große Drache, die alte Schlange, die da heißt Teufel und Satan, der die ganze Welt verführt. Er ward geworfen auf die Erde, und seine Engel wurden mit ihm dahin geworfen. Darum freuet euch, ihr Himmel und die darin wohnen! Weh aber der Erde und dem Meer! denn der Teufel kommt zu euch hinab und hat einen großen Zorn und weiß, daß er wenig Zeit hat. Und der Drache ward zornig über das Weib und ging hin, zu streiten wider die übrigen von ihrem Geschlecht, die da Gottes Gebote halten und haben das Zeugnis Jesu."

Wir können unsere Zeit, ihre Entwicklung im politischen und wirtschaftlichen, im gesellschaftlichen und ideologischen Bereich wie auch die notvollen Vorgänge in unserer Kirche, in Theologie, Diakonie und Mission, nur unter diesem endgeschichtlichen Gesichtspunkt recht verstehen und beurteilen.

C. Zwei Hinweise aus Gottes Wort

Zusammenfassend sehen wir aus dem Wort Gottes:

Wir sind diesem Feind, dem wir gegenüberstehen, nicht gewachsen. Wir stehen einem organisierten Reich der Finsternis gegenüber, dem wir mit menschlichen Organisationen nicht begegnen können. Wir haben es mit Mächten zu tun, deren Machtfülle alle unsere Kräfte übersteigt. Der Feind ist mit einer Intelligenz ausgerüstet, der gegenüber unsere Intelligenz von vornherein unterlegen ist.

Wir können diese endzeitlichen Entwicklungen nicht aufhalten. Dies ist wichtig zu beachten, damit wir uns nicht an falscher Stelle verbluten, sondern an *der* Stelle regelgerecht kämpfen, die uns der HErr anweist.

II. Der regelgerechte Kämpfer richtet sich nach den Weisungen seines HErrn

Wir müssen mit Martin Luther bekennen:

Mit unserer Macht ist nichts getan,
wir sind gar bald verloren;
es streit' für uns der rechte Mann,
den Gott selbst hat erkoren.

Fragst du, wer der ist?
Er heißt Jesus Christ,
der HErr Zebaoth,
und ist kein andrer Gott,
das Feld muß er behalten.

Diesen Kampf können wir nur bestehen, wenn wir zu unserem HErrn aufschauen und uns nach seinen Weisungen richten. Gott sei Dank, daß wir diesen auferstandenen, gegenwärtigen und wiederkommenden HErrn haben, der für uns streitet! Was sind seine Weisungen?

A. Wir sollen den guten Kampf regelgerecht kämpfen

Der Apostel Paulus spricht von einem „guten Kampf".

Dies unterscheidet unseren Kampf von allen Kämpfen in dieser Welt mit ihrer Diplomatie und Raffinesse, mit ihren Halbwahrheiten und ganzen Lügen, mit ihren Machtproben und ihrem Ehrgeiz, mit ihren Ungerechtigkeiten und Gewalttaten.

Wir sollten diesen Kampf „regelgerecht" kämpfen.

Maßgebend sind allein die Regeln und Weisungen unseres HErrn im Wort Gottes. Wenn wir uns die Kampfesfront und die Kampfesart selbst wählen und dann nur noch den HErrn um seinen Beistand und Segen bitten, können wir den Kampf niemals bestehen und von unserem HErrn niemals den Siegeskranz empfangen.

B. Wir kämpfen den guten Kampf regelgerecht, wenn wir zu Jesus aufsehen

Der Apostel, der den Hebräerbrief schrieb, mahnte die Gemeinden, die schwere Leiden hinter sich hatten und inzwischen im Kampf müde geworden waren (Hebr. 12,1-2): „Lasset uns laufen mit Geduld in dem Kampf, der uns verordnet ist, und aufsehen auf Jesus, den Anfänger und Vollender des Glaubens, welcher, da er wohl hätte können Freude haben, erduldete das Kreuz und achtete der Schande nicht und hat sich gesetzt zur Rechten des Thrones Gottes."

„Lasset uns aufsehen auf Jesus", der am Kreuz auf Golgatha den Feind bezwungen hat. Laßt uns die Kraft seines Blutes rühmen!

„Lasset uns aufsehen auf Jesus", der am Ostermorgen auferstanden ist, „welcher hat dem Tode die Macht genommen und das Leben und ein unvergänglich Wesen ans Licht gebracht durch das Evangelium" (2. Tim. 1,10). Laßt uns für seinen Sieg danken!

„Lasset uns aufsehen auf Jesus", der gen Himmel aufgefahren ist, zur Rechten Gottes sitzt und uns als der treue Hohepriester täglich vor Gottes Thron vertritt und für uns betet. Laßt uns an diesen priesterlichen Dienst unseres HErrn dankbar denken!

„Lasset uns aufsehen auf Jesus", der in Herrlichkeit wiederkommen wird. Laßt uns unseren Kampf mit dem Blick auf dieses herrliche Ziel, das Offenbarwerden seines Sieges, führen!

Der Feind, die Macht der Finsternis, ist groß und mächtig — Jesus ist größer und mächtiger!

Der Feind ist intelligent und listig — Jesus ist intelligenter und durchschaut alle Listen des Feindes!

Wir können dem Feind nie direkt begegnen, sondern nur in und durch Jesus. Darum die nächste Kampfesregel:

C. Wir kämpfen den guten Kampf regelgerecht, wenn wir stark sind in dem HErrn

„Seid stark in dem HErrn und in der Macht seiner Stärke", so mahnt der Apostel Paulus (Eph. 6,10). Im Kolosserbrief schreibt er von dem „Geheimnis..., welches ist Christus in euch, die Hoffnung der Herrlichkeit" (Kol. 1,27).

Der Christus für uns wird zum Christus in uns.

Unsere Rettung gründet außerhalb von uns allein in dem, was unser HErr Jesus Christus am Kreuz auf Golgatha für uns vollbracht hat. Allein dort und in der Auferstehung am Ostermorgen ist unser Heil verankert, und sonst nirgendwo! Darum schreibt der Apostel Paulus von seinem Dienst (1. Kor. 1, 22-25): „Die Juden fordern Zeichen, und die Griechen fragen nach Weisheit, wir aber predigen den gekreuzigten Christus, den Juden ein Ärgernis und den Griechen eine Torheit; denen aber, die berufen sind, Juden und Griechen, predigen wir Christus als göttliche Kraft und göttliche Weisheit. Denn die göttliche Torheit ist weiser, als die Menschen sind, und die göttliche Schwachheit ist stärker, als die Menschen sind." In seinem evangelistisch-missionarischen und gemeindeaufbauend-seelsorgerlichen Dienst sah es Paulus als seine vornehmliche Aufgabe an, den Menschen Jesus Christus vor die Augen zu malen als den Gekreuzigten (Gal. 3,1). Und er bekennt (Gal. 6,14): „Von mir aber sei es ferne, mich zu rühmen, als allein des Kreuzes unseres HErrn Jesus Christus, durch welchen mir die Welt gekreuzigt ist und ich der Welt."

Wer dies im Glauben annimmt, daß Jesus Christus für ihn am Kreuz gestorben ist, wird auch das andere erleben, von dem unser HErr selber sagt (Joh. 14,23-24): „Wer mich liebt, der wird mein Wort halten; und mein Vater wird ihn lieben, und wir werden zu ihm kommen und Wohnung bei ihm machen. Wer aber mich nicht liebt, der hält meine Worte nicht." Es ist die Innewohnung des Vaters und des Sohnes in unserem Leben. Unser Leib wird dadurch zu einem Tempel des Heiligen Geistes (1. Kor. 6,19-20).

Diese Erkenntnis ist wichtig für unseren Dienst und für das geistliche Ringen, in das wir hineingestellt sind. Der bekannte Gründer und langjährige Leiter der großen englischen China-Inland-Mission, James Hudson Taylor, berichtet dies aus seinem Leben. In einem Brief an seine Schwester, Mrs. Broomhall, berichtet er[4]: „Vor sechs oder acht Monaten stand ich in großem innerem Kampf, da ich für mich persönlich wie auch für unsere Mission die Notwendigkeit sah, mehr Heiligung, geistliches Leben und Vollmacht zu haben. Doch meine persönliche Not stand an erster Stelle und war am größten. Ich spürte die Undankbarkeit, die Gefahr, die Sünde, nicht näher bei Gott zu leben. Ich betete, quälte mich, fastete, strebte, faßte gute Vorsätze, las das Wort eifriger, suchte mehr Zeit zur Meditation — doch alles war vergeblich. Fast jeden Tag, ja fast jede Stunde bedrückte mich das Bewußtsein der Sünde.

Ich wußte, daß alles wohl werden würde, könnte ich nur in Christus bleiben, doch ich konnte es nicht ... Ich spürte es, daß ich ein Kind Gottes war. Sein Geist rief in meinem Herzen trotz allem: ‚Abba, lieber Vater.‘ Doch meine Vorrechte als Kind auch auszunutzen, dazu fehlte mir die Kraft völlig.

Ich meinte, daß Heiligung, praktische Heiligung allmählich durch das fleißige Anwenden der Gnadengaben erreicht würde ... Doch wenn ich am Abend wieder zurückblickte, gab es nichts als Sünde und Versagen zu bekennen und vor ihm zu beklagen ... Manchmal gab es Zeiten nicht nur des Friedens, sondern auch der Freude im HErrn. Doch waren sie nur flüchtig, und bestenfalls war da eine traurige Kraftlosigkeit ...

Während der ganzen Zeit spürte ich deutlich, daß alles, was ich brauchte, in Christus war, doch die Frage war praktisch — wie es herausfinden. Ich strebte nach Glauben, doch er kam nicht ... Begangene Sünden schienen Kleinigkeiten verglichen mit der Sünde des Unglaubens, die ihre Ursache war, und der Gott nicht bei seinem Wort nehmen konnte oder wollte, sondern ihn zum Lügner machte!‘‘

Dann erlebte es Hudson Taylor, daß Gottes Geist ihm die Wahrheit des Einsseins mit Jesus neu zeigte, wie er es zuvor nie gesehen hatte. Er sah, daß es nicht darauf ankommt, nach Glauben zu streben, sondern in Jesus, dem Getreuen, zu ruhen. Er blickte zu Jesus auf und erlebte das, was er mit folgenden Worten beschrieb: ,,Da Christus im Glauben so in meinem Herzen wohnt, wie glücklich bin ich seither! ... Ich bin nicht besser als zuvor, in gewissem Sinn möchte ich das auch nicht und strebe auch nicht danach. Doch bin ich gestorben und mit Christus begraben — ja, doch auch auferstanden! Und nun lebt Christus in mir, doch ‚was ich jetzt lebe im Fleisch, das lebe ich im Glauben des Sohnes Gottes, der mich geliebt und sich selbst für mich dargegeben‘.‘‘

Wir müssen es neu erleben, in Jesus zu ruhen und das Geheimnis des ,,Christus in uns‘‘ zu erfahren. Dann haben wir ohne krampfhaftes und oft so vergebliches Ringen die rechte Waffenrüstung (Eph. 6,13-17), die rechte innere Ruhe und den Herzensfrieden, auch in dem heißesten Kampf. Und wir finden die rechte Liebe zu den Menschen, die uns entgegenstehen.

Wie aber kommen wir zu diesem Starksein in dem HErrn?

Wir brauchen zunächst das Zeugnis des Heiligen Geistes in unserem Geist, daß wir Gottes Kinder sind (Röm. 8,14-16; Gal. 4,6-7). Ohne diese Heilsgewißheit fehlt uns die Grundlage zum geistlichen Kampf in unserer Zeit. Es ist auch nötig, daß wir unser Leben ins Licht Gottes stellen und uns von Belastungen und Bindungen, die uns innerlich blockieren, im Namen Jesu und in der Kraft des Blutes Jesu lossagen und uns unserem HErrn neu übereignen.

Weiter ist es wichtig, daß wir unsere theologische Arbeit und unseren Verkündigungsdienst in biblischer Lehrklarheit tun, nämlich der heilsamen Lehre der Schrift (1. Tim. 1,10; 6,3; 2. Tim. 1,13; 4,3; Tit. 1,9; 2,1.8) gehorsam sind. Und ebenso wichtig ist es, daß wir unseren Lebenswandel in biblischer Lebensklarheit führen. Lehrklarheit und Lebensklarheit bedingen einander und ergeben den gesunden Glauben (Tit. 1,13; 2,2).

Wir können unsere theologische Arbeit nicht loslösen von unserem persönlichen Leben in der Nachfolge und im Gehorsam gegen Gottes Wort. Leben und Lehre eines Theologen bedingen einander wie kommunizierende Röhren. In der himmlischen, von Gott geschriebenen Kirchen- und Theologie-Geschichte werden solche Zusammenhänge festgehalten. Nur der Theologe, der vor Gott in voller Lebensklarheit steht, wird auch in Lehrklarheit wirken und dienen können.

Weiter bedürfen wir der täglichen Reinigung und Heiligung durch die Kraft des Blutes Jesu Christi. Wir können uns nur dann unbeschadet mit Büchern und Systemen eines anderen Geistes beschäftigen, wir nehmen nur dann in unserer dämonisierten Umwelt keinen Schaden, wir werden nur dann in der Auseinandersetzung mit Ideologien und Theologien unserer Zeit nicht gelähmt, wir können nur dann den Dienst an noch nicht göttlich wiedergeborenen Menschen tun, wenn wir uns immer wieder unter den Schutz des Blutes Jesu stellen und uns durch seine Kraft reinigen lassen. Wichtig ist es auch, daß wir uns dem fremden Geist an keiner Stelle beugen und keine Kompromisse mit ihm schließen. Andernfalls verlieren wir unsere Vollmacht.

D. Wir kämpfen den guten Kampf regelgerecht, wenn wir ablegen, was uns hindert und hemmt

„Ein jeglicher aber, der da kämpft, enthält sich alles Dinges; jene nun, daß sie einen vergänglichen Kranz empfangen, wir aber einen unvergänglichen" (1. Kor. 9, 25).

In dem geistlichen Ringen müssen wir alles ablegen, was uns hindert und hemmt. Wir müssen prüfen; denn nicht alles, was erlaubt ist, nützt uns und hilft uns in der Kampfbahn des Glaubens. Die Auseinandersetzungen erfordern eine gesunde Askese, nämlich Selbstbeschränkung und Verzicht sowie eine klare Blickrichtung auf unseren HErrn, damit wir uns auf die uns gestellten Aufgaben und ihre Durchführung konzentrieren können.

Dieses Ablegen ist stets verbunden mit einer Ganzhingabe an unseren HErrn Jesus Christus. Es ist eine Hingabe in Liebe und aus Dankbarkeit an den, der uns zuerst geliebt hat und der bereit ist, für uns einzustehen und für uns zu streiten.

Dieses Ablegen und die Ganzhingabe sind erforderlich, weil es um einen ganzen Einsatz geht. Die griechischen Worte, mit denen der Apostel Paulus den Glaubenskampf bezeichnet, weisen uns auf diesen Einsatz hin: *athleo* meint eine äußerste Anstrengung und Opferbereitschaft des Kämpfers in der Arena; *agon* bedeutet, daß der Kämpfer zu einem Verzicht bis zum Äußersten bereit sein muß.

E. Wir kämpfen den guten Kampf regelgerecht, wenn wir mit dem Wort Gottes kämpfen

Ohne das Wort Gottes, ohne die Bibel in der Hand, im Kopf und im Herzen können wir nicht kämpfen.

Wir brauchen dieses Wort zur rechten Wegfindung: „Dein Wort ist meines Fußes Leuchte und ein Licht auf meinem Wege" (Ps. 119, 105).

Dieses Wort ist die wichtigste Angriffswaffe im Kampf: „Nehmet das Schwert des Geistes, welches ist das Wort Gottes" (Eph. 6, 17).

Dieses Wort allein zeigt uns das Ewigkeitsbeständige, ja es

ist selbst Ewigkeit: „Himmel und Erde werden vergehen; aber meine Worte werden nicht vergehen" (Matth. 24,35). Dieses ewige Wort Gottes hilft uns, das Vergängliche vom Unvergänglichen und das Nebensächliche von der Hauptsache zu unterscheiden.

Der Widersacher Gottes möchte uns allerdings verwirren, indem er selber das Wort Gottes gebraucht, um seine Anschläge zu tarnen, um uns zu verunsichern und zu fangen. Wir können ihm nur so begegnen, wie ihm einst der HErr bei der Versuchung entgegentrat, indem wir ihm entgegenhalten: „Wiederum steht auch geschrieben" (Matth. 4,7). Wie handhaben wir dieses „Wiederum steht auch geschrieben" in der Praxis?

Johannes Seitz, der begnadete Evangelist und Seelsorger, der jahrelang das Erholungsheim in Teichwolframsdorf leitete, sammelte in der Auseinandersetzung mit der Pfingstbewegung wertvolle Erfahrungen. In einem seiner Aufsätze schrieb er[5] : „Wer da nicht alles prüft und gründlich prüft an dem untrüglichen Prüfstein des Wortes Gottes, kann, ohne daß er es ahnt, ein Betrogener Satans werden, der bald auch ein Betrüger an anderen wird. Die Zerrbilder des Feindes haben darum so große Verführungsmacht, weil sie das Göttliche, nach dem man sich sehnt, das man erwartet, scheinbar bieten; aber es ist immer eine Mischung von Göttlichem, Menschlichem, Dämonischem und Fragwürdigem beisammen.[6] Aber das Dämonische, Schriftwidrige, Ungöttliche ist meistens so versteckt, daß es nur der sieht, der jedes Wort Gottes so hoch schätzt und ehrt, wie es geschätzt und geehrt sein will, und der nie etwas annimmt, das nicht ganz und gar schriftgemäß ist." „Gott sei Dank, das Wort Gottes reicht aus, in allen Lagen den Feind zu entlarven, oder uns doch vor jeder Täuschung und jedem Betrug Satans zu bewahren. Wer nur treu alles abweist, was eine Mischung von Göttlichem und Menschlichem, was nicht im Worte Gottes zu finden ist und sich nicht nach allen Seiten mit dem Worte Gottes deckt." Diese Worte, damals im Blick auf die Pfingstbewegung geschrieben, gelten auch grundsätzlich für jeden geistlichen Kampf.

Eine bibelkritische Haltung macht das Schwert des Geistes stumpf. Sie macht uns daher unfähig, in dem Kampf der Gegenwart bestehen zu können.

F. Wir kämpfen den guten Kampf regelgerecht, wenn wir anhaltend und nach dem Willen Jesu beten

Der Apostel Paulus gibt uns folgende Anweisungen:

„Ich ermahne euch aber, liebe Brüder, durch unseren HErrn Jesus Christus und durch die Liebe des Geistes, daß ihr mir helfet kämpfen mit Beten für mich zu Gott, damit ich errettet werde von den Ungläubigen in Judäa und mein Dienst, den ich für Jerusalem tue, angenehm werde den Heiligen" (Röm. 15,30-31).

„Betet zugleich auch für uns, auf daß Gott uns eine Tür für das Wort auftue, zu sagen das Geheimnis Christi, um deswillen ich auch gebunden bin, auf daß ich es offenbar mache, wie es mir zu sagen gebührt" (Kol. 4,3).

Das Gebet soll dreierlei bewirken:

Ablehnende und verstockte Menschen stehen unserem Dienst und unserer Verkündigung entgegen. Sie bedeuten in unserem Ringen eine Bremse, eine Blockierung, eine Anfechtung. Durch das Gebet sollen wir uns von solchen Hindernissen freibeten.

Oft haben wir unter dem Unverständnis und dem Widerstand in den eigenen Reihen, bei den Gläubigen, zu leiden. Durch das Gebet wird unser Dienst angenehm bei den Gläubigen.

Schließlich soll das Gebet die Türen für das Evangelium öffnen und Menschen bereit machen, es zu hören.

Wie sollen wir dieses Gebet üben?

Inhaltlich gesehen, beten wir vom Sieg Jesu her. Wenn wir nur gegen etwas anbeten, beten wir uns müde und kraftlos. Unser Gebet muß getragen sein vom Sieg, den Jesus errungen hat, und von der Dankbarkeit dafür, daß unser HErr gegenwärtig ist und den Endsieg behalten wird.

Dieses Gebet sollte anhaltend geübt werden, sowohl im stillen Kämmerlein als auch in Gebetsgemeinschaften.

Auch ist zu bedenken, daß uns der HErr für das Gebet angesichts der Mächte der Finsternis die Anweisung gibt, auch zu fasten (Matth. 17,21; Mark. 9,29).

Wichtig ist, daß wir besondere Aufgaben durchbeten. Ein Bruder aus der Schweiz wies mich kürzlich darauf hin, daß in den gläubigen Kreisen der Schweiz auch für politische Angelegenheiten wie beispielsweise für den Volksentscheid zur Frage des Schwangerschaftsabbruchs, viel intensiver gebetet werde als bei uns in Deutschland.

G. Wir kämpfen den guten Kampf regelgerecht, wenn wir die Einmütigkeit wahren

Im Philipperbrief (Kap. 4,3) berichtet Paulus von „Gehilfen", die mit ihm „für das Evangelium gekämpft" haben und „deren Namen in dem Buch des Lebens sind". Es sind Gläubige, die — so sinngemäß übersetzt — mit Hand angelegt haben an dem Werk, das dem Apostel Paulus aufgetragen war.

Wir brauchen solche Brudergemeinschaft in den Auseinandersetzungen unserer Zeit. Einzelkämpfer sind stets gefährdet und bilden eine Ausnahme.

Für diese Bruder- und Kampfgemeinschaft ist jedoch die Einmütigkeit wichtig: „Wandelt würdig des Evangeliums Christi, auf daß, ob ich komme und euch sehe oder abwesend von euch höre, ihr stehet in *einem* Geist und kämpfet mit uns einmütig für den Glauben des Evangeliums" (Phil. 1,27).

Einmütigkeit ist nicht ohne weiteres gegeben. Es bedarf anhaltenden Gebetes, mancher brüderlicher Gespräche und der Bereinigung vor dem HErrn, um einmütig zu werden oder eine verlorene Einmütigkeit wieder herzustellen. Es darf allerdings nicht eine Einmütigkeit „um jeden Preis" sein, doch sollten wir die Einmütigkeit „im HErrn" suchen und erstreben.

Zur Brudergemeinschaft gehört auch die gegenseitige brüderliche Ermahnung und Tröstung (Luther: *consolatio mutua fratrum*), auch das persönliche Anteilnehmen am Ergehen des anderen. In der Brudergemeinschaft wird der eine durch die Kraft der Fürbitte des anderen getragen. Wie wichtig ist diese Hilfe im Kampf für den Glauben des Evangeliums! Wie oft bat Paulus seine Gemeinden um diesen Dienst für ihn.

H. Wir kämpfen den guten Kampf regelgerecht, wenn wir zum Leiden bereit sind

Paulus hat Timotheus auf das Leiden besonders hingewiesen und vorbereitet: „Leide mit mir für das Evangelium nach der Kraft Gottes" (2. Tim. 1,8). „Alle, die gottesfürchtig leben wollen in Christus Jesus, müssen Verfolgung leiden" (2. Tim. 3,12).

Der Apostel war im Leiden ein Vorbild: „... das Evangelium, für welches ich gesetzt bin als Prediger und Apostel und Lehrer. Um dieser Ursache willen leide ich auch solches; aber ich schäme mich dessen nicht" (2. Tim. 1,10-12).

„Halt im Gedächtnis Jesus Christus, der auferstanden ist von den Toten, aus dem Geschlechte Davids, nach meinem Evangelium, für welches ich leide bis zu den Banden wie ein Übeltäter ... Darum dulde ich alles um der Auserwählten willen, auf daß auch sie die Seligkeit erlangen in Christus Jesus mit ewiger Herrlichkeit" (2. Tim. 2,8-10).

Aktion und Passion gehören zusammen! Wer Jesus dient und für das Evangelium arbeitet, muß zum Leiden bereit sein.

Dieses Leiden kann vielfältige Gestalt annehmen.

Die Gemeinden, an die der Hebräerbrief gerichtet war, mußten einen schweren Kampf bestehen und den Leidensweg gehen. Sie mußten Schmach und Trübsal auf sich nehmen und den Raub ihrer Güter erdulden (Hebr. 10,32—34).

An Hab und Gut müssen wir heutzutage noch keinen Schaden erleiden. Aber das Leiden kann für uns die Gestalt annehmen, daß unsere Ehre und unser wissenschaftlicher Ruf angetastet oder gar in den Schmutz gezogen werden oder daß wir seelische Pressionen zu erdulden haben.

Das Leiden kann bis dahin gehen, daß wir am Leben verzagen (2. Kor. 1,8) und daß dieser Kampf, dieser *agon*, geradezu zu einer Agonie, zu einem fast zum Tode führenden Ringen wird.

Warum gehören Aktion und Passion, Theologie und Anfechtung, Evangelisation und Anfeindung, Mission und Leiden zusammen?

Wir leben in einer gottfeindlichen Welt. Uns ergeht es nicht besser als unserem HErrn. „Gedenket an mein Wort, das ich euch gesagt habe: Der Knecht ist nicht größer als sein Herr. Haben sie mich verfolgt, so werden sie euch auch verfolgen; haben sie mein Wort gehalten, so werden sie eures auch halten. Aber das alles werden sie euch tun um meines Namens willen; denn sie kennen den nicht, der mich gesandt hat" (Joh. 15,20-21).

Ein weiterer Grund: Wenn der Feind angegriffen wird, dann müssen wir damit rechnen, daß er zurückschlägt.

J. Wir kämpfen den guten Kampf regelgerecht, wenn wir für das Evangelium kämpfen

„... Ihr steht in einem Geist und kämpfet mit uns einmütig für den Glauben des Evangeliums" (Phil. 1,27).

Der Apostel Paulus verfolgte bei seinem Kampf stets ein positives Ziel: Kampf „für den Glauben des Evangeliums", „den Gehorsam des Glaubens aufzurichten" (Röm. 1,5; 15,18; 16,26).

Damit stellt er uns zwei Fragen.

Einmal: Kämpfen wir für das Evangelium oder für uns?

Kämpfen wir wirklich für Gottes Ehre, für Jesu Namen und dafür, daß Menschen an das Wort Gottes glauben?

Oder geht es uns letztlich, vielleicht in sehr feiner und fromm bemäntelter Form, um eigene Ehre, um eigene Ideen oder um die eigene Gruppe?

Die andere Frage: Kämpfen wir gegen etwas oder für etwas?

Sehen wir es als Hauptaufgabe an, gegen Irrlehre und Irrwege anzugehen — und das positive Ziel des Apostels Paulus ist nur noch ein Nebenprodukt?

Oder setzen wir den Schwerpunkt unseres Einsatzes so, daß wir für den Glauben des Evangeliums ringen und nur als Folge dieser positiven Ausrichtung deutliche Abgrenzungen vollziehen und Gefahrenpunkte markieren?

Apologetik hat keine eigene Daseinsberechtigung, sondern nur die Hilfsaufgabe, Wegbereiter für das Wort Gottes, für das Evangelium, für unseren HErrn zu sein. In dieser Hilfsfunktion ist die Apologetik allerdings unerläßlich und hilfreich.

Das Wächteramt dürfen wir nicht nur in einer negativen

Funktion sehen. Gott hatte den Propheten Hesekiel zum Wächter über das Haus Israel gesetzt, damit er warne. Er sollte den Gottlosen warnen „vor seinem gottlosen Wege, damit er am Leben bleibe" (Hes. 3,18).

Unser Dienst und unsere theologische Arbeit im Ringen um Bibel- und Bekenntnistreue in unseren evangelischen Kirchen und Kreisen sollten stets mit dem Ziel getan werden, daß Gott und unser HErr Jesus Christus geehrt werden, daß Menschen errettet und frei werden, daß der Weg für eine Neubelebung im Volk Gottes und für eine Heiligung in der Gemeinde Jesu Christi geebnet werde.

III. Der regelgerechte Kämpfer schaut auf das Ziel seines Einsatzes

Der Blick ist auf den wiederkommenden HErrn gerichtet. Dies bedeutet dreierlei.

A. Der regelgerechte Kämpfer blickt auf den Tag der Rechenschaft

„Wir müssen alle offenbar werden vor dem Richterthron Christi, auf daß ein jeglicher empfange, wie er gehandelt hat bei Leibesleben, es sei gut oder böse" (2. Kor. 5,10). Wir müssen einmal Rechenschaft geben von unserem Dienst und für die Menschen, die uns anvertraut sind. Die Lehrer in der Gemeinde Jesu „wachen über eure Seelen, als die da Rechenschaft dafür geben sollen" (Hebr. 13,17).

B. Der regelgerechte Kämpfer blickt auf den Siegeskranz, den der HErr für ihn bereit hält

Dieser Siegeskranz sind das ewige Leben und die ewige Herrlichkeit, die der Herr für die Seinen, die überwinden, bereit hält.

Der Siegeskranz umfaßt gewiß noch mehr. Aus Gnaden sind wir, was wir sind. Dennoch wird der HErr einmal die Seinen belohnen, und er wird nichts lieber tun, als ihnen Lob auszusprechen. Was sollten wir uns mehr wünschen, als daß uns der HErr an jedem Tag sagen kann: „Ei, du frommer und getreuer Knecht ...; gehe ein zu deines HErrn Freude!" (Matth. 25,21)?

C. Der regelgerechte Kämpfer blickt auf den Sieger

Oft erscheinen aller Einsatz, unser Opfer, unser Ringen und Kämpfen vergeblich. Weil wir aber wissen, daß Jesus auferstanden ist und wiederkommen wird, dürfen wir uns immer wieder getrösten mit dem Wort (1. Kor. 15,58): „Darum, meine lieben Brüder, seid fest, unbeweglich und nehmet immer zu in dem Werk des HErrn, weil ihr wisset, daß eure Arbeit nicht vergeblich ist in dem HErrn."

Pfarrer Christoph Blumhardt der Ältere hat diesen Ausblick auf das Ziel, der ihn in seinem geistlichen Kampf in Möttlingen stärkte, in die tröstlich-gewissen Worte gefaßt:

Daß Jesus siegt, bleibt ewig ausgemacht,
sein wird die ganze Welt;
denn alles ist nach seines Todes Nacht
in seine Hand gestellt.
Nachdem am Kreuz er ausgerungen,
hat er zum Thron sich aufgeschwungen.
Ja, Jesus siegt!

Ja, Jesus siegt! Wir glauben es gewiß,
und glaubend kämpfen wir.
Wie du uns führst durch alle Finsternis,
wir folgen, Jesu, dir.
Denn alles muß vor dir sich beugen,
bis auch der letzte Feind wird schweigen.
Ja, Jesus siegt!

Was göttlich und was menschlich ist[7]

Das Thema vom Weg

Unser Thema spricht von einem Weg: „Dies ist der Weg; den geht!" Es will uns zu einer Wegbesinnung anleiten und uns eine Wegweisung geben. Beides kann aber nur Gottes Wort tun. Als Gemeinde Jesu Christi müssen wir bei allen Fragen und Entscheidungen, Problemen und Aufgaben stets die Bibel befragen, auf die Bibel hören und ihr gehorchen. Darum wollen wir in dieser „Stunde der biblischen Besinnung" auf die Heilige Schrift hören. Zwei Bibeltexte sind uns vorgegeben:

Jes. 30,18.20-22: „Darum harrt der HErr darauf, daß er euch gnädig sei, und er macht sich auf, daß Er sich euer erbarme. Und dein Lehrer wird sich nicht mehr verbergen müssen, sondern deine Augen werden deinen Lehrer sehen. Deine Ohren werden hinter dir das Wort hören: ‚Dies ist der Weg; den geht! Sonst weder zur Rechten noch zur Linken!' Und ihr werdet entweihen eure übersilberten Götzen und die goldenen Hüllen eurer Bilder und werdet sie wegwerfen wie Unrat und zu ihnen sagen: Hinaus!"

Matth. 16,21-26: „Seit der Zeit fing Jesus Christus an und zeigte seinen Jüngern, wie er müßte hin nach Jerusalem gehen und viel leiden von den Ältesten und Hohenpriestern und Schriftgelehrten und getötet werden und am dritten Tage auferstehen. Und Petrus nahm ihn zu sich, fuhr ihn an und sprach: Herr, das verhüte Gott! Das widerfahre dir nur nicht! Er aber wandte sich um und sprach zu Petrus: Hebe dich, Satan, von mir! Du bist mir ein Ärgernis; denn du meinst nicht was göttlich, sondern was menschlich ist. Da sprach Jesus zu seinen Jüngern: Will mir jemand nachfolgen, der verleugne sich selbst und nehme sein Kreuz auf sich und folge mir. Denn wer sein Leben erhalten will, der wird's verlieren;

wer aber sein Leben verliert um meinetwillen, der wird's finden. Was hülfe es dem Menschen, wenn er die ganze Welt gewönne und nähme doch Schaden an seiner Seele? Oder was kann der Mensch geben, damit er seine Seele wieder löse?"

Das Thema vom Weg ist ein Thema, das sich durch die ganze Bibel hindurchzieht. Die Bibel zeigt uns, daß es verschiedene Wege gibt.

Wir Menschen — ob christlich oder nicht — gehen immer einen Weg. Es fragt sich nur, welchen Weg wir gehen. Ist es ein gerader oder ein krummer, ein leichter oder ein schwerer Weg? Die Bibel hält uns an, noch tiefer zu fragen: Gehen wir den Weg zum Leben oder den zum Tod? Den schmalen oder den breiten Weg? Den Weg zur ewigen Heimat oder den in die ewige Heimatlosigkeit?

Das Volk Gottes, die Gemeinde Jesu, geht auch einen Weg. Welcher ist es aber? Geht sie den Weg des Gehorsams oder des Ungehorsams? Den geistlichen oder den fleischlichen, den göttlichen oder den menschlichen?

Die Bibel zeigt uns den rechten Weg. Aus Gottes Wort erkennen wir ihn: „Dies ist der Weg!" Und wir werden aufgefordert, ihn zu gehen: „Den geht!"

I. Der Weg Israels

Der Prophet Jesaja zeigt uns den Weg Israels.

A. Grundsätzliches

1. ISRAELS WEG IST FÜR DIE GEMEINDE JESU CHRISTI EIN VORBILD

Was das Alte Testament uns berichtet, haben wir nicht nur zeitgeschichtlich, sondern auch für heute typologisch, vorbildhaft zu verstehen. Paulus schreibt dies im 1. Korintherbrief, Kapitel 10, 1-13, wo er einen Vorgang aus der Geschichte Israels erwähnt. Dazu bemerkt er: „Dies ist aber uns zum Vorbild geschehen" (V. 6). Im neutestamentlich-griechischen Urtext steht das Wort *typos*, zu deutsch: Vorbild. Was nun das Alte Testament von Israel berichtet, dient uns zur Lehre, nämlich zur Warnung, zur Ermunterung oder zum Trost.

Dies gilt auch von den Wegen, die Israel in seiner Geschichte ging und geführt wurde.

2. ES SIND ZWEI GRUND-WEGFÜHRUNGEN IN DER GESCHICHTE ISRAELS

Es ist einmal der Weg aus der Fremde, aus dem Land des Sklavendienstes, aus Ägypten hin ins Land der Verheißung. Dies ist der Weg der Gnade, der Weg zur Erfüllung der Verheißungen.

Dann sehen wir den Weg aus dem Land der Verheißung weg und hin in die Fremde, in die Zerstreuung unter die Völker. Es ist der Weg des Gerichtes, des Zornes Gottes.

Dies also sind die beiden Wegführungen: hin ins Land – weg vom Land. Weg der Verheißung – Weg des Gerichtes. Weg der Gnade – Weg des Zornes.

Dies alles ist uns zum Vorbild berichtet worden. Und wir sind gefragt: Welchen Weg geht unsere Kirche? Welchen Weg gehen unsere Bekenntnisgruppen? Welchen Weg gehen unsere Gemeinschaftsverbände und freien Werke? Welchen Weg gehen wir als Gemeinde Jesu Christi am Ort? Welchen Weg gehen wir in unserem persönlichen Christenleben?

B. Das Wort des Propheten Jesaja

1. IM PROPHETEN JESAJA GEHT ES ZUNÄCHST UM DEN WEG ISRAELS WEG AUS DEM LAND UND HIN IN DIE FREMDE

Der Weg weg vom Land der Verheißung ist ein Weg der Leiden. Zunächst begann er mit der Bedrohung und mit den Angriffen des Feindes vom Norden, der Assyrer. Sie ließen eine Verwüstung zurück, die der Prophet so schildert (Jes. 1,7-8): „Euer Land ist verwüstet, eure Städte sind mit Feuer verbrannt; Fremde verzehren eure Äcker vor euren Augen, alles ist verwüstet wie beim Untergang Sodoms. Übriggeblieben ist allein die Tochter Zion wie ein Häuslein im Weinberg, wie eine Nachthütte im Gurkenfeld, wie eine belagerte Stadt. Hätte uns der HErr Zebaoth nicht einen geringen Rest übriggelassen, so wären wir wie Sodom und gleichwie Gomorra." Später griffen die Babylonier, die die Assyrer als Weltreich abgelöst hatten, an und führten das Volk nach Babylon in die Gefangenschaft.

Aber es war nicht nur ein Weg materieller Not und körperlicher wie auch seelischer Leiden. Nein, es war ein Weg tiefster geistlicher Not. Bedrängende Fragen stiegen auf und quälten: Ist die Verheißung verspielt? Hat Israel seine Berufung verloren? Ist Gott mit seinem Volk am Ende?

Als dieser mühevolle Weg weg vom Land und hin in die Fremde sich vor Gottes Augen abzuzeichnen begann und sich anbahnte, sandte Gott die Propheten. Unter ihnen auch den Jesaja. Er wirkte zwischen 750 und 700 vor Christi Geburt.

Es war eine der Hauptaufgaben der Propheten aufzuzeigen, daß dieser Weg drohte, aber daß dieser äußere Weg nur eine Folge und ein Ausdruck eines inneren Weges war. Bevor die Wegführung ins babylonische Exil begann, hatte schon längst in den Herzen des Volkes die innere Wegführung von Gott eingesetzt.

So versuchte Gott durch die Propheten, die drohende Gefahr durch den prophetischen Ruf zur inneren Umkehr und Heilung abzuwenden.

2. DER INNERE WEG ISRAELS

Wie schon gesagt, dem äußeren Weg — weg vom Land — ging der innere Weg — weg von Gott — voraus. Dem äußeren Weg der Zerstreuung in die Völkerwelt ging der Weg des Angleichs an die heidnischen Völker voraus. Dies ist ein Grundgesetz geistlichen Lebens.

So verhält es sich auch mit einer Landeskirche, mit einem Missions- oder Gemeinschaftswerk, mit einer örtlichen Gemeinde und mit einem Jünger Jesu.

Ist eine Kirche in der Finsternis dieser Welt kein Licht mehr, dann ist in ihr zuvor das Licht des Evangeliums erloschen.

Hat ein christliches Werk in der Fäulnis unserer Zeit keine Salzkraft mehr, dann hat es schon vorher nicht mehr aus der Kraft des Evangeliums gelebt.

Wenn Paulus mit Schmerzen von Demas schrieb, daß er die Welt liebgewonnen habe (2. Tim. 4,10), so hatte sich dieser Jünger schon zuvor innerlich wieder der Welt angeglichen.

Dieses Verhältnis vom inneren zum äußeren Weg zeigt der Prophet Jesaja im 30. Kapitel seines Buches erschütternd auf: „Sie — Israel — sind ein ungehorsames Volk und verlogene Söhne, die nicht hören wollen auf die Weisung des HErrn, sondern sagen zu den Sehern: ‚Ihr sollt nicht sehen!‘ Und zu den Schauern: ‚Was wahr ist, sollt ihr uns nicht schauen! Redet zu uns, was angenehm ist; schaut, was das Herz begehrt! Weicht ab vom Wege, geht aus der rechten Bahn! Laßt uns doch in Ruhe mit dem Heiligen Israels! Darum spricht der Heilige Israels: Weil ihr dies Wort verwerft und verlaßt euch auf Frevel und Mutwillen und trotzet darauf, so soll euch diese Sünde sein wie ein Riß, wenn es beginnt zu rieseln an einer hohen Mauer, die plötzlich unversehens einstürzt" (Jes. 30,9-13).

Gott will aber nicht, daß Israel den Weg des Zornes und Gerichts weg vom Land der Verheißung und hin in ein neues Sklavenland geht. Darum müht sich Gott um die innere Heilung des Volkes. Jesaja sagt dies dem Volk: „Darum harrt der HErr darauf, daß er euch gnädig sei, und er macht sich auf, daß er sich euer erbarme" (Jes. 30,18). „Er wird dir gnädig sein, wenn du rufst. Er wird dir antworten, sobald er's hört" (Jes. 30,19).

Als Israel im babylonischen Exil war, weil es auf die Propheten und damit auf Gott nicht gehört hatte, begann Gott mit der inneren Heilung, damit er sein Volk wieder heimführen könne. Jesaja zeigt deutlich, wie diese Heilung von innen nach außen führt: „Er wird dir gnädig sein, wenn du rufst. Er wird dir antworten, sobald er's hört." Gott wartet auf die innere Hinwendung des Volkes zu ihm.

„Und dein Lehrer wird sich nicht mehr verbergen müssen, sondern deine Augen werden deinen Lehrer sehen" (Jes. 30,20). Der Lehrer ist Gott. Sie lernen auf Gott sehen — im Gegensatz zu ihrem bisherigen Verhalten: „Laßt uns doch in Ruhe mit dem Heiligen Israels!" (Jes. 30,11).

„Deine Ohren werden hinter dir das Wort hören: ‚Dies ist der Weg; den geht! Sonst weder zur Rechten noch zur Linken!'" (Jes. 30,21). Nun werden sie auf Gottes Wort hören — im Gegensatz zum vorigen Verhalten, über das Gott klagen mußte: „... die nicht hören wollen auf die Weisung des HErrn" (Jes. 30,9).

Hat Israel diesen inneren Weg zurück zu Gott beschritten, dann wird auch sein äußerer Weg wieder ins Land zurückführen.

Israels Not in der Gegenwart ist die, daß es zwar wieder in seinem Lande lebt, aber keinen Frieden, keine Ruhe, keine Sicherheit findet. Der Grund ist der, daß ihm noch der innere Friede mit Gott fehlt, die innere Heimkehr zu seinem HErrn noch aussteht.

3. DIE DOPPELTE BEWEGUNG DER HEIMKEHR ISRAELS

Betrachten wir diese innere Heimkehr Israels noch genauer. Sie umfaßt eine doppelte Bewegung.

Einmal ist es die Hinwendung zu Gott: „Er wird dir gnädig sein, wenn du rufst. Er wird dir antworten, sobald er's hört" (Jes. 30,19).

Diese Hinwendung ist zugleich eine Abwendung von den Götzen: „Und ihr werdet entweihen eure übersilberten Götzen und die goldenen Hüllen eurer Bilder und werdet sie wegwerfen wie Unrat und zu ihnen sagen: Hinaus!" (Jes. 30,22).

Es ist dieselbe Bewegung wie bei der Bekehrung eines Menschen oder der Neubesinnung einer Gemeinde oder christlichen Gemeinschaft. Der Apostel Paulus schildert sie im ersten Thessalonicherbrief, Kapitel 1,9: „Sie selbst berichten von uns, welchen Eingang wir bei euch gehabt haben und wie ihr euch bekehrt habt zu Gott von den Götzen, zu dienen dem lebendigen und wahren Gott." Das heißt: zu Gott hin und von den Götzen weg.

Es ist wichtig, darauf zu achten, daß es immer zuerst die Bewegung hin zu Jesus, zu Gott ist, die dann die Bewegung weg von den Götzen, weg von der Sünde und weg vom alten Leben in Gang bringt.

4. DIES IST DER WEG, DEN GEHT! AUCH HEUTE!

Hin zu Jesus! Hin zu Gottes Wort! Hin zur Weisung Gottes! Dies ist der Ruf nicht nur für die Fernstehenden, sondern auch für die Gemeinde Jesu Christi, für uns, die wir Jesus unseren HErrn nennen. Eine Erweckung muß stets im Volke Gottes beginnen, bevor sie auf die übergreifen kann, die in der Gottesferne leben. Eine solche Erweckung muß zunächst die Gläubigen erfassen, bevor sie im Rahmen einer Landeskirche wirksam werden kann.

Diese entschlossene Hinkehr zur Quelle des Lebens ist stets verbunden mit einer ebenso entschlossenen Abkehr vom Irrweg, von den Götzen unserer Zeit, von den anarchistischen Ideologien der Gegenwart, die die nüchterne Schau und Urteilskraft rauben, weg von dem widergöttlichen Zeitgeist, weg von dem Wesen des Menschen, der Gott nicht anerkennen will. Sonst spielen wir mit der Gnade.

Dies ist der Weg, den geht!

II. Der innere Weg, den Seine Gemeinde stets gehen soll

Es ist der Weg hin zum Göttlichen und weg vom Menschlichen.

A. Das Göttliche und das Menschliche bei Petrus

Petrus war von Gottes Geist erleuchtet, als er Jesus als den Christus erkannte und bekannte: „Du bist Christus, des lebendigen Gottes Sohn! Und Jesus antwortete und sprach zu ihm: Selig bist du, Simon, Jonas Sohn; denn Fleisch und Blut hat dir das nicht offenbart, sondern mein Vater im Himmel" (Matth. 16,16-17).

Bald darauf kündigte Jesus sein Leiden und Sterben an: „Seit der Zeit fing Jesus Christus an und zeigte seinen Jüngern, wie er müßte nach Jerusalem gehen und viel leiden von den Ältesten und Hohenpriestern und Schriftgelehrten und getötet werden und am dritten Tage auferstehen" (Matth. 16,21).

Die Reaktion des Petrus auf diese Leidensankündigung war diesmal nicht vom Geiste Gottes inspiriert, sondern von rein menschlichem Denken eingegeben. „Petrus nahm ihn – Jesus – zu sich, fuhr ihn an und sprach: HErr, das verhüte Gott! Das widerfahre dir nur nicht! Er aber wandte sich um und sprach zu Petrus: Hebe dich, Satan, von mir! Du bist mir ein Ärgernis; denn du meinst nicht was göttlich, sondern was menschlich ist" (Matth. 16,22-23).

Wie schnell war Petrus dem menschlichen Denken und damit der Inspiration der gegengöttlichen Macht verfallen.

Ähnlich erging es den beiden Jüngern Jakobus und Johannes. Jesus zog mit seinen Jüngern nach Jerusalem (Luk. 9, 51-59). Er sandte Boten vor sich hin, die in ein Dorf der Samariter kamen. Sie suchten Herberge, aber die Samariter nahmen Jesus und seine Jünger nicht auf. Besonders Jakobus und Johannes waren von diesem feindseligen Verhalten der Samariter betroffen und darüber entrüstet. Wie konnten diese Menschen Jesus einfach vor der Türe stehen lassen? Sie wollten für Gottes Ehre und ihren HErrn eintreten. Mit Recht! Aber sie taten es nicht mit göttlichen, sondern mit menschlichen Mitteln: „HErr, willst du, so wollen wir sagen, daß Feuer vom Himmel falle und verzehre sie, wie auch Elia tat" (V. 54). Sie konnten dieses menschliche Verhalten sogar noch mit einem biblischen Hinweis auf Elia begründen! „Jesus aber wandte sich und bedrohte sie und sprach: Wisset ihr nicht, welches Geistes Kinder ihr seid?" (V. 55). Jünger Jesu sind nicht Kinder des menschlichen, sondern des göttlichen Geistes!

Wir müssen uns davor hüten, daß wir für unseren HErrn und Heiland Jesus Christus, für sein Wort und für seine Sache mit menschlichen Methoden und Waffen eintreten; nur mit geistlichen können wir ihm dienen und für ihn streiten.

Diese Bedrohung begleitet wie ein dunkler Schatten die Gemeinde Jesu Christi auf dem Weg durch die Zeiten und den Jünger Jesu auf seinem Weg durchs Leben. Dies ist die Gefährdung, daß die Kirche und der Christ nicht mehr ausschließlich und allein auf ihren HErrn schauen und auf sein Wort hören, sondern Ohr und Herz dem Menschlichen leihen, dem Humanum, der Ideologie, dem Zeitgeist, den Zeitmethoden.

Wir wollen diese Gefährdung näher betrachten.

B. Die Gefährdung der Gemeinde durch das Menschliche

Jesus sagt zu Petrus — wörtlich —: Du denkst und sinnst das, was des Menschen ist. Er meint also: Du handelst da, wo allein Gottes Wort uns Weisung geben kann, nach menschlicher Meinung, menschlicher Logik, menschlichem Empfinden, menschlicher Sitte.

Dieses Menschliche widerstreitet dem Göttlichen. Es begegnet uns in vielerlei Gestalt: als von Gott gelöster Humanismus; als Ideologie, sei es in Form des Neo-Marxismus oder Anarchismus in allen seinen Spielarten; als Anpassung an den Zeitgeist und Übernahme von Zeitmethoden bis hin zur Gruppendynamik; als werkgerechter Aktivismus; als weltlicher Werbeslogan bis hin zur Werbung für Kirchenwahlen, wenn es etwa heißt: Kirche für alle, anstatt: Kirche für Gott. Wie will man für alle da sein, wenn man nicht ausschließlich für Gott da ist?

Dieses Menschliche wird, so sagt es Jesus, zum *Skandalon*. Das *Skandalon* ist das Stellholz einer Falle. Stößt man daran, klappt und schnappt die Falle zu. Wenn die Gemeinde Jesu Christi und wenn der Jünger Jesu sich diesem Menschlichen, das autonom, losgelöst von Gott lebt und seinen Weg geht, sich öffnet, schnappt eine Falle zu. Die Vollmacht geht verloren. Der klare Blick wird getrübt. Gottfremde Mächte gewinnen Einfluß und Gewalt. Aus der Braut Christi wird die Hure. Der Jünger wechselt vom schmalen Weg auf den breiten Weg hinüber. Die Kirche verläßt ihre Kreuzesgestalt und ist bestrebt, ein einflußreicher Machtfaktor oder eine anerkannte gesellschaftliche Größe zu werden.

Während es der göttliche Plan ist, daß Jesus auf dem Weg durch das Kreuz hindurch HErr der Welt wird und die Gemeinde den Kreuzesweg geht, bevor sie in der Vollendung das Königsamt empfängt, ist es das Menschliche, das kein Kreuz will, sondern Macht und Demonstration. Kein Neuwerden durch Gericht und Gnade, sondern Verbesserung, Evolution, Revolution. Während Jesus allein die neue Welt bringen kann, will man sie auf christliche Weise machbar machen.

Dieses Menschliche spitzte sich bis zum Äußersten zu in der Versuchung Jesu, als der Satan nur den Kniefall vor ihm, dem Fürsten dieser Welt, verlangte, und dann Jesus aus seiner Hand die Reiche dieser Welt empfangen sollte.

C. Der rechte Weg für die Gemeinde ist allein der göttliche Weg

Wir sollen das denken, was Gottes Gedanken, Pläne und Willen sind. Allein auf diesem Weg haben die Gemeinde und der einzelne Jünger Jesu die Verheißung, unter Gottes Wohlgefallen zu stehen, vollmächtig zu handeln und das Ziel ihres Weges zu erreichen.

Wir sollen in diesem Göttlichen aus der Kindesstufe zum Jünglingsalter und schließlich zu Vätern und Müttern in Christo heranwachsen. Solche Menschen sind heute gefragt und gesucht.

Wie können wir das Göttliche erfahren und erkennen, und wie können wir es vom Menschlichen unterscheiden? Wir müssen dreierlei beachten.

1. WIR MÜSSEN DEN HEILIGEN GEIST EMPFANGEN HABEN UND IHM RAUM GEBEN

Der natürliche Mensch ist blind für Gottes Wahrheit. Er kann zwar edel denken, human handeln, das Beste wollen, aber er kann nicht Gottes Gedanken erkennen. Das Göttliche bleibt ihm verschlossen.

Nur durch den Heiligen Geist können wir Gottes Wahrheit und Willen erkennen und den göttlichen Weg finden und gehen.

Den Heiligen Geist empfangen wir durch den Glauben bei der Bekehrung und bei der göttlichen Wiedergeburt. Es ist eine Not, wenn nicht wiedergeborene Menschen den Weg einer Kirche oder einer Gemeinschaft bestimmen. Sie bringen auch beim besten Willen notwendigerweise immer nur das Menschliche hinein.

Haben wir den Heiligen Geist empfangen, müssen wir ihm Raum geben durch die Heiligung. Wenn es daran fehlt, wird der Heilige Geist betrübt, und er zieht sich zurück.

2. WIR MÜSSEN GOTTES WORT ERNST NEHMEN UND GOTTES WILLEN ERFORSCHEN

Gottes Wort ist die Wahrheit. Durch dieses Wort hat Gott sich selbst so offenbart, daß es auch der einfachste Mensch erkennen kann, wenn er durch den Heiligen Geist erleuchtet ist. Darum betete unser HErr Jesus Christus (Matth. 11,25-27): „Ich preise dich, Vater und HErr Himmels und der Erde, daß du solches den Weisen und Klugen verborgen hast und hast es den Unmündigen offenbart. Ja, Vater; denn es ist also wohlgefällig gewesen vor dir. Alle Dinge sind mir übergeben von meinem Vater; und niemand kennt den Sohn denn nur der Vater; und niemand kennt den Vater denn nur der Sohn und wem es der Sohn will offenbaren."

Wir müssen mit unserer Bibel leben, in der Bibel forschen und das Erkannte im Alltag wirksam werden lassen. Zu solchem forschenden und unseren Weg bestimmenden Bibellesen fordert der Apostel Paulus mehrfach auf. „Stellet euch nicht dieser Welt gleich, sondern verändert euch durch Erneuerung eures Sinnes, auf daß ihr prüfen möget, was Gottes Wille ist, nämlich das Gute und Wohlgefällige und Vollkommene" (Röm. 12,2). Oder: „Weiter, liebe Brüder: Was wahrhaftig ist, was ehrbar, was gerecht, was rein, was lieblich, was wohllautet, ist etwa eine Tugend, ist etwa ein Lob, dem denket nach! Was ihr auch gelernt und empfangen und gehört und gesehen habt an mir, das tut; so wird der Gott des Friedens mit euch sein" (Phil. 4,8-9).

So müssen wir uns immer wieder an der Bibel orientieren, an einer Bibel, die weder kritisch verkürzt noch schwarmgeistig durch Offenbarungen ergänzt und erweitert wird. Von hier aus müssen wir täglich nach dem göttlichen Weg fragen.

Ein Missionsseminar und eine Bibelschule[8] sind nicht nur Lernschule, sondern auch Lebensschule. Die Schüler wohnen eng beieinander. Es gibt Krisen. Man ärgert sich aneinander. Schwierigkeiten bereiten Not. Wie helfen wir solchen jungen Menschen? Wir müssen sie anleiten, daß sie lernen, alles geistlich zu nehmen, geistlich zu beurteilen und geistlich zu behandeln. Dies ist der Weg, den geht!

In unserer Familie, im Beruf, in der Nachbarschaft, in unserer Kirche stehen wir oft vor Fragen und Entscheidungen. Nöte beschweren uns. Menschliches, allzu Menschliches tut uns weh. Wie reagieren wir? Wie antworten wir? Wie handeln wir? Welchen Weg gehen wir? Dies ist der Weg, den geht, nämlich das Göttliche!

Dieser Weg ist nicht immer der einfachste Weg. Es ist nicht der Weg der Zustimmung der Massen. Es ist nicht der Weg unseres eigenen Fleisches. Aber es ist der Weg der göttlichen Verheißung und des göttlichen Wohlgefallens. Dies ist der Weg, den geht, den geht kompromißlos, weder zur Rechten noch zur Linken abweichend.

3. LASST UNS JA SAGEN ZUR SELBSTVERLEUGNUNG UND ZUR KREUZESNACHFOLGE

Der HErr mußte dem Petrus und den anderen Jüngern sagen: „Will mir jemand nachfolgen, der verleugne sich selbst und nehme sein Kreuz auf sich und folge mir" (Matth. 16,24).

Selbstverleugnung heißt: Nein sagen zum Ich, Ja sagen zum HErrn. Nein sagen zur eigenen Kraft, Ja sagen zu Gottes Kraft. Nein sagen zu menschlicher Diplomatie, Ja sagen zu göttlicher Führung.

Der Kreuzesweg im Unterschied zum Herrlichkeitsweg – um eine Formulierung Luthers aus seinen Heidelberger Thesen von 1518 zu gebrauchen – ist der Weg der Verkennung, der Weg der kleinen Zahl, der Weg der Demütigung, der Weg in Niedrigkeitsgestalt.

Wenn uns der HErr im persönlichen Leben oder auch in unseren Gemeinschaften und Werken ein Kreuz auferlegt, dann will er uns damit eine Hilfe geben, den Weg der Selbstverleugnung zu gehen.

Wo wir uns selbst verleugnen, da scheint umso heller das Licht des göttlichen Wortes. Aus dem Dunkel der Tiefe heraus sehen wir die leuchtenden Sterne göttlicher Gedanken und göttlicher Heilswege.

Dies ist der Weg, den geht! Geht ihn weder zur Rechten noch zur Linken. Geht nicht den menschlichen, sondern den göttlichen Weg.

Anders werden wir den Weg durch diese endgeschichtliche Zeit nicht durchhalten können.

Laßt uns beten mit den Worten, die einst ein Pfarrer in schwerer Zeit — es war die Zeit des Dritten Reiches — gedichtet hat:

In die Wirrnis dieser Zeit
fahre Strahl der Ewigkeit;
zeig den Kämpfern Platz und Pfad
und das Ziel der Gottesstadt.

Mach in unsrer kleinen Schar
Herzen rein und Augen klar,
Wort zur Tat und Waffen blank,
Tag und Weg voll Trost und Dank.

Herr wir gehen Hand in Hand,
Wandrer nach dem Vaterland;
laß dein Antlitz mit uns gehn,
bis wir ganz im Lichte stehn.

Hilfe in Anfechtungen

I. Anfechtungen sind nötig

Martin Luther sagte einmal, daß dreierlei das Leben und Wesen eines rechten Theologen ausmachten: Gebet, Bibellesen (Meditation) und Anfechtung. Nicht nur das Leben des Theologen trägt diese Bestimmung an sich, sondern das Leben eines Jüngers Jesu überhaupt.

Es gibt in dieser Zeit vor der Vollendung der Gemeinde Jesu Christi und ihrer einzelnen Glieder keine Nachfolge und keinen Dienst ohne Anfechtung.

Anfechtungen führen uns tiefer ins Gebet und ins Wort Gottes hinein. Und im Gebet und aus dem Wort Gottes empfangen wir die nötigen Hilfen, um Anfechtungen bestehen und überwinden zu können.

A. Das biblische Zeugnis

1. ANFECHTUNGEN KOMMEN

Das grundlegende Wort zu Anfechtungen steht in der Bibel im Jakobusbrief (Kap. 1,12): „Selig ist der Mann, der die Anfechtung erduldet; denn nachdem er bewährt ist, wird er die Krone des Lebens empfangen, welche Gott verheißen hat denen, die ihn liebhaben."

Das griechische Wort im Urtext des Neuen Testaments, das Luther mit „Anfechtung" übersetzt, bedeutet: durch Nöte, Verführungen, Versuchungen oder andere Geschehnisse werden wir in der Nachfolge und im Dienst geprüft, unser Glaube wird auf die Probe gestellt.

Diese Anfechtungen haben ihren Ursprung nicht in Gott. Denn „alle gute Gabe und alle vollkommene Gabe kommt von oben herab, von dem Vater des Lichts, bei welchem ist keine Veränderung noch Wechsel des Lichts und der Finsternis" (Jak. 1,17). Aber Gott läßt sie zu, um uns zu erproben und im Glauben wachsen zu lassen.

2. ANFECHTUNGEN HABEN EINEN SINN

Dieses Ziel der Anfechtungen nennt der Apostel Petrus in seinem ersten Brief (Kap. 1,6-7): „Darüber freuet euch, die ihr jetzt eine kleine Zeit, wenn es sein soll, traurig seid in mancherlei Anfechtungen, auf daß euer Glaube rechtschaffen und viel köstlicher erfunden werde als das vergängliche Gold, das durchs Feuer bewährt wird, zu Lob, Preis und Ehre, wenn offenbart wird Jesus Christus." Der Segen der im Aufblick zum HErrn durchstandenen Anfechtungen ist mannigfaltig. Er besteht auch in den „geübten Sinnen": „Feste Speise aber gehört den Vollkommenen; sie haben durch steten Gebrauch geübte Sinne und können Gutes und Böses unterscheiden" (Hebr. 5,14).

3. ANFECHTUNGEN BEGEGNEN UNS IN VERSCHIEDENER GESTALT

Die Anfechtungen können in mancherlei Gestalt auf uns zukommen. Der Apostel Paulus ist uns auch hier ein Vorbild.

„Wir geben niemand irgendein Ärgernis, auf daß unser Amt nicht verlästert werde; sondern in allen Dingen erweisen wir uns als Diener Gottes: in großer Geduld, in Trübsalen, in Nöten, in Ängsten, in Schlägen, in Gefängnissen, in Aufruhren, in Mühen, in Wachen, in Fasten ... durch Ehre und Schande, durch böse Gerüchte und gute Gerüchte; als die Verführer, und doch wahrhaftig; als die Unbekannten, und doch bekannt; als die Sterbenden, und siehe, wir leben; als die Gezüchtigten, und doch nicht ertötet; als die Traurigen, aber allezeit fröhlich; als die Armen, aber die doch viele reich machen; als die nichts haben, und doch alles haben" (2. Kor. 6, 3-10).

„Wir haben aber solchen Schatz in irdenen Gefäßen, auf daß die überschwengliche Kraft sei Gottes und nicht von uns. Wir haben allenthalben Trübsal, aber wir ängstigen uns nicht. Uns ist bange, aber wir verzagen nicht. Wir leiden Verfolgung, aber wir werden nicht verlassen. Wir werden unterdrückt, aber wir kommen nicht um und tragen allezeit das Sterben Jesu an unserem Leibe, auf daß auch das Leben Jesu an unserem Leibe offenbar werde. Denn mitten im Leben werden wir immerdar in den Tod gegeben um Jesu willen, auf daß auch das Leben Jesu offenbar werde an unserem sterblichen Fleische. So ist nun der Tod mächtig in uns, aber das Leben in euch. Weil wir aber denselben Geist des Glaubens haben, wie geschrieben steht: ‚ich glaube, darum rede ich‘, so glauben wir auch, darum so reden wir auch und wissen, daß der, der den HErrn Jesus hat auferweckt, wird uns auch auferwecken mit Jesus und wird uns vor sich stellen samt euch. Denn es geschieht alles um euretwillen, auf daß die überschwengliche Gnade durch vieler Danksagen Gott reichlich preise. Darum werden wir nicht müde; sondern ob auch unser äußerlicher Mensch verfällt, so wird doch der innerliche von Tag zu Tag erneuert. Denn unsere Trübsal, die zeitlich und leicht ist, schafft eine ewige und über alle Maßen wichtige Herrlichkeit uns, die wir nicht sehen auf das Sichtbare, sondern auf das Unsichtbare. Denn was sichtbar ist, das ist zeitlich; was aber unsichtbar ist, das ist ewig" (2. Kor. 4,7-18).

Diese Anfechtungen kommen von außen. Sie begegnen uns in der Gestalt von Menschen oder Verhältnissen. Es können auch körperliche und seelische Nöte sein.

Hinter diesen Anfechtungen verbirgt sich der Widersacher Gottes. An einer Stelle macht dies der Apostel Paulus deutlich: „. . . ist mir gegeben ein Pfahl im Fleisch, nämlich des Satans Engel, der mich mit Fäusten schlage, auf daß ich mich nicht überhebe" (2. Kor. 12,7).

Diese Anfechtungen können aber auch in uns selber aufsteigen. Sie haben ihre Wurzel in unserem eigenen Fleisch. „Lasset uns ablegen alles, was uns beschwert, und die Sünde, die uns ständig umstrickt . . . ihr habt noch nicht bis aufs Blut widerstanden im Kampf wider die Sünde" (Hebr. 12,1.4).

Die Bibel berichtet oft und ausführlich von Anfechtungen. Es sei hier nur an die Anfechtungspsalmen und an das Buch Hiob erinnert.

1. MARTIN LUTHER

Martin Luther hat vielerlei Anfechtungen erlitten und durchstanden.[9]

Anfechtungen gehören zum Christenleben: „Wer ist ohne Anfechtungen eine Stunde lang? Ich will schweigen von den Anfechtungen der Widerwärtigkeit, deren unzählig viele sind. Ist doch auch das die gefährlichste Anfechtung, wenn keine Anfechtung da ist und alles wohlsteht und zugeht, daß der Mensch dabei Gott nicht vergesse, zu frei werde und die glückselige Zeit mißbrauche. Ja hier müßte er zehnmal mehr Gottes Namen anrufen als in den Widerwärtigkeiten."

Darum muß sich der Christ auf Anfechtungen einstellen: „Lerne, wenn du ein Christ bist, daß du ohne Zweifel allerlei Versuchungen und böse Neigungen im Fleische fühlen wirst. Denn wenn der Glaube da ist, so kommen hundert böse Gedanken, hundert Anfechtungen mehr als zuvor. Siehe nur darauf, daß du ein Mann seiest, dich nicht fangen lässest, immer widersprichst und sagest: ich will nicht, ich will nicht."

Vom Segen der Anfechtungen spricht Luther: „Der Glaube ist niemals stärker und herrlicher, als wenn die Trübsal und Anfechtung am größten ist." „Solange die Menschen Frieden und Sicherheit genießen, verachten und versäumen sie das Wort. Wenn aber die Anfechtung kommt, dann erst glauben sie, daß dasjenige wahr sei, wozu sie vorher durch das Wort ermahnt worden sind. So empfinden auch die Frommen die Kraft und Frucht des Worts nur in der Anfechtung."

Das Wort also hilft in der Anfechtung. Und ebenso das Gebet: „Weil viel Anfechtung und Anstöße sind, ist es nötig, daß wir ohne Unterlaß mit dem Herzen sprechen: Vater, führe uns nicht in Anfechtung. Nicht begehre ich aller Anfechtungen ledig zu sein (denn das wäre schrecklich und ärger als zehn Anfechtungen — weil ja die richtige Anfechtung nötig ist —), sondern daß ich nicht falle und wider meinen Nächsten oder dich sündige."

Luther wurde besonders in den ersten Jahren seines Klosterlebens (1505—1507) von den schwersten Anfechtungen

gepeinigt, die aus den Grübeleien über den verborgenen Rat-
schluß Gottes zum Heil seiner Auserwählten stammen.[10] „Ge-
hörst du auch zu den Auserwählten?" Diese Frage raubte ihm
Tag und Nacht alle Ruhe. Luther meinte sich selbst, als er
schrieb: „Auch ich kenne einen Menschen, der versichert hat,
solche Qualen oft erduldet zu haben, freilich nur kurze Zeit,
aber so gewaltig und so furchtbar, daß sie kein Mund aussagen
und keine Feder niederschreiben kann." Das erste Wort, das
ihn wieder etwas tröstete, war der Zuruf eines alten Mönchs:
„Ich glaube eine Vergebung der Sünden." Besonders aber hat
ihn sein Ordensoberer, Generalvikar Johann Staupitz, aufge-
richtet, indem er ihn auf Gott als den Gott der Liebe hinwies
und ihm einmal zurief: „Christus schreckt nicht, sondern er
tröstet." Luther gesteht: „Wo mir Dr. Staupitz oder vielmehr
Gott durch Dr. Staupitz nicht aus den Anfechtungen heraus-
geholfen hätte, so wäre ich drinnen ersoffen und längst in der
Hölle." Luther spricht aus Erfahrung, wenn er sagt: „Ein jeglicher, der ein rechtschaffener Christ will sein, der gedenke,
daß er Christum ohne Anfechtung nicht lernen kann."

2. JOHANN CHRISTOPH BLUMHARDT DER ÄLTERE

Blumhardt war aufgrund seiner mancherlei Erlebnisse und
biblischen Erkenntnisse ein begnadeter Seelsorger. Er hat
auch immer wieder versucht, Angefochtenen zu helfen.[11]
   Er zeigt den Hintergrund der Anfechtungen auf: Sie „haben in der Regel ihren Grund in heimlichen Einwirkungen der
Finsternis und sind Pfeile Satans, die unvermerkt herfliegen
und längere Zeit plagen können."
   Solche Anfechtungen können verschiedener Art sein. Auch
sind sie zeitlich unterschiedlich: „Sind sie andauernd, so sollte
doch fast durch Gebet und Fürbitte etwas gegen sie erreicht
werden können ... andere sind nur vorübergehend."
   Eine Hilfe gegen Anfechtungen ist zunächst der Glaube:
„Wenn ihr den Heiland nicht fühlt, so müßt ihr ihm desto
mehr glauben ... Gefühle nimmt der Feind oft in Beschlag;
aber euren Glauben nicht, wenn ihr nicht nachgebet. Den kann
kein Teufel in Beschlag nehmen, wenn ihr nur seufzet: ‚Führe
uns nicht in Versuchung.' ... Glaubet auch an euren Glauben."

Blumhardt beschreibt solchen Glauben sehr praktisch: „Wer kindlich bleibt und nicht gleich meint, es sei alles verloren, wenn so allerlei Stimmen sich inwendig vernehmen lassen, wie wenn der Seele ihr Anteil am Heiland will abgesprochen werden, und sie in Angst gebracht werden soll, daß ihre Sache nie etwas Rechtes gewesen sei, kann viel Trost empfinden, wenn er an den ins Fleisch gekommenen Heiland denkt, und an den Gesang der himmlischen Heerscharen dabei."

Gerade dem, der nicht auf sich selbst vertraut, wird der HErr helfen. „Der Heiland sagt nicht: ,Selig sind die, deren Sache etwas Rechtes ist', wenn sie es nämlich selber machen wollen; sondern er sagt: ,Selig sind die geistlich Armen; selig sind, die Leid tragen.'"

Glauben heißt nach oben blicken: „Auch das Beten soll nur ein stiller Blick nach oben sein, ein mutiger Aufblick zum HErrn und zu seiner Hilfe . . . nur Gnade helfen kann."

Wichtig ist auch das willentliche Widerstreben gegen die Anfechtung: „Anfechtungen übrigens können allmählich sich sehr mindern, wenn man über ihnen als Überwinder stehen bleibt. Wer überwindet und sich nicht überwinden läßt, der wird immer weniger Angriffe erfahren." „Man muß den inneren Menschen wach erhalten, damit die Willenskraft frei bleibt."

Sehr wichtig ist auch das Beten, aber das rechte Beten. Der Beter darf nicht in den Irrtum verfallen, zu meinen, daß mit dem Beten Anfechtungen ein für allemal beseitigt werden. Solange wir in dieser Welt leben, müssen wir mit Anfechtungen rechnen. Blumhardt mahnt: „So hätten wir es freilich gerne, daß es uns Gott ein für allemal wegnehmen möge, um nie mehr etwas fürchten zu müssen. Aber so wird es nie, und der HErr weiß es, daß es nicht gut für uns wäre. Das ist auch, solange der Feind noch um den Weg ist, gar nicht möglich. Wir müssen immer den laufenden Feind uns vergegenwärtigen; denn unter einer eingetretenen Sicherheit kann schnell der Feind wieder da sein."

Sodann darf das Beten nicht ein eigenes Werk sein. Der Beter muß stets wissen: „Die Befreiung soll ganz das Werk des HErrn sein, und nicht so, als dürften wir sie selbstgefällig unserem Eifer zuschreiben. Der rechte Eifer ist Geduld mit der Hoffnung zum HErrn. Einen wirksamen Gebetsgeist können wir uns ohnehin nicht geben, denn der muß vom HErrn gegeben sein, wenn es nicht als Eigenwerk dastehen soll."

Im übrigen gilt die Mahnung des HErrn: „Wachet und betet, daß ihr in keine Anfechtung fallet."

II. Hilfe durch das Gebet

Anfechtungen drücken zu Boden. Sie drücken aber dann recht und heilsam zu Boden, wenn wir auf die Knie gehen und beten.

In der Stunde der großen Anfechtung der Finsternismacht, im Garten Gethsemane, gibt Jesus seinen Jüngern den ernsten Rat und die dringliche Mahnung: „Wachet und betet!" (Matth. 26,41).

Für dieses Gebet hat uns der HErr selbst die erste und entscheidende Hilfe im Vaterunser gegeben.

A. Die Kraft des Vaterunsers

Das Vaterunser ist wohl das am häufigsten gesprochene Gebet. Wie oft wird es leider gedankenlos geplappert. Wer hat die tief verborgene Kraft dieses Gebetes schon wirklich erfahren, auch in Anfechtungen?

Christoph Blumhardt (1805—1880), zuerst Lehrer an der Missionsanstalt in Basel, dann Nachfolger Pfarrer Dr. Barths in Möttlingen und seit 1852 Leiter von Bad Boll, war ein ungewöhnlich wirksamer und reich erfahrener Seelsorger. Er wurde durch seine Dämonenaustreibungen und Krankenheilungen weithin bekannt. In seinem Dienst, in eigenen Anfechtungen wie auch in der Seelsorge lernte er die Kraft des Vaterunsers besonders schätzen.

1. DIE ERFAHRUNGEN JOHANN CHRISTOPH BLUMHARDTS DES ÄLTEREN

Es ist wert, Blumhardts „Einleitung zum Vaterunser oder Reichsgebet" nachsinnend zu lesen.[12]

„Der HErr will seinen Jüngern ein Mustergebet geben, nachdem er einige allgemeine Mahnungen über das Gebet gesagt hatte. Wir nennen es das Vaterunser, sollten's aber vielmehr seinem Inhalt nach das Reichsgebet nennen.

Er muß dieses Gebet mehrmals seinen Jüngern gesagt haben. Lukas (11, 1-4), der auch das Vaterunser anführt, sagt, die Jünger hätten einmal, nachdem ihr HErr aufgehört hatte, abgesondert zu beten, ihn aufgefordert, sie beten zu lehren, wie auch Johannes der Täufer seine Jünger gelehrt hätte.

Es war ihnen wirklich um ein Mustergebet zu tun, oder um ein Gebet, in welchem ihnen das Wichtigste, das sie auf dem Herzen zu tragen hätten, gesagt wäre, für Zeiten und Augenblicke, da sie beten wollten und doch nicht gerade um etwas Besonderes zu beten veranlaßt wären, damit sie wenigstens das Wichtigste betend vor Gott aussprächen. Ein solches Gebet hatte schon Johannes seinen Jüngern gegeben, wie Lukas sagt, welches wohl nicht minder kurz und bündig gewesen ist als das Vaterunser.

Der schwache Mensch hat das Bedürfnis, in seinem Gebet, wenn es eine Bedeutung haben soll, etwas Bestimmtes zu sagen, damit er nicht in ein ungewisses und inhaltsleeres Wortemachen hineinkomme.

Hat sich der HErr dazu hergegeben, ein solches Gebet zu sagen, so dürften viele Beter sich das merken, je und je ganz einfach, selbst wenn mehrere beieinander sind, es sei bei einem andächtigen Vaterunser als dem eigentlichen Reichsgebet, wenn auch nicht mechanisch gleich, sondern mit wenigen Zusatzworten erweitert oder teilweise verändert, bewenden zu lassen, zumal bei Lukas der HErr sagt: ‚Wenn ihr betet, so sprechet‘, und bei Matthäus: ‚Darum sollt ihr also beten.‘

Ungeschickt ist es, wenn da und dort in Versammlungen aller Art das Vaterunser oder Reichsgebet von den Redenden und Betenden gar nie gehört wird; und ich gestehe, daß mir wenigstens häufig etwas fehlt, wenn ich nicht mit dem Vaterunser schließe, namentlich wenn es größere Kreise und Versammlungen sind, in welchen die Reichssachen doch immer obenan stehen sollten. Viele tuen es deshalb nicht, um das Vaterunser nicht durch Mechanismus herabzuwürdigen; aber völlige Unterlassung ist doch eine größere Herabwürdigung, ja ein Abbruch am Reiche selber. Der Vortragende kann doch auch dafür sorgen, wenn er's recht vorträgt, daß das Vaterunser den Zuhörern immer wieder neu wird. Es hat das eigentümlich hohe und göttliche an sich, daß es nie alt, nie sozusagen abgedroschen wird und immer wieder mit höherer Empfindung vorgetragen werden kann, weil es ganz aufs große Ziel hingerichtet ist.

Matthäus nun, der das Gebet in die Bergpredigt verflicht, knüpft es an die Worte des HErrn an: ,Euer Vater weiß, was ihr bedürfet, ehe denn ihr ihn bittet.' Für einen eigentlichen Umgang mit Gott scheint da der HErr die kleinen irdischen Bedürfnisse, welcher Art sie seien, weil sie keine Stelle im Vaterunser einnehmen, ziemlich auszuschließen, weil sie zu wenig Bedeutung für ein Reden mit dem HErrn haben, sofern der Vater doch alles, was wir bedürfen, vorher weiß und wir seine Interessen keinesfalls hintan setzen sollten. Es sollte da mehr nach dem Worte gehen: ,Trachtet am ersten nach dem Reiche Gottes, so wird euch das Übrige alles zufallen.' Das andere sollte nicht sogar die Hauptsache ausmachen, wie bei vielen, die eigentlich außer dem, was sie für sich und ihre Angehörigen zum irdischen Leben zu erbitten haben, so gut als nichts mehr zu beten haben und an die Reichssache gar nie recht kommen.

Wenn der HErr mit den Worten anfängt: ,Darum sollt ihr also beten', so legt er doch ein Gewicht auf das Gebet als solches und gibt ihm eine besondere Weihe.

In Zeiten, da wir keine Worte haben zum Beten, überhaupt nicht wissen, wie wir beten, wie wir ausdrücken sollen, was uns bewegt, weil wir's oft gar nicht verstehen, will er uns Mut machen, uns des Mustergebets oder Reichsgebets, das alles umfaßt, zu bedienen. Wir treten doch mit diesem Gebet vor das Angesicht Gottes; und weil es Jesus uns gelehrt hat, dürfen wir versichert sein, Gott sehe uns freundlich darum an und erhöre uns auch in sonst Unausgesprochenem.

Namentlich, wenn jemand schwere innere *Anfechtungen* hat, wie vom Feind sich umgetrieben fühlt, in Schwachheit des Leibes und der Sinne sich befindet, auch Sorge, Ärger, Gereiztheit, die dazu kommt, ihn keine Worte nach dem Herzen finden lassen, kann er mit nichts mehr innerlich zurechtkommen, als wenn er das Vaterunser einfach und langsam hersagt. Auch wenn er's ganz im Stillen betet, hat's eine Wirkung, oft mehr, als wenn er's laut betet, besonders auch Geisteskranken gegenüber und wenn er Unheimliches um sich verspürt, da er in lauter Verlegenheit sich befindet, gar keine Worte hat und doch beten will.

Ziehe dich zurück und bete dein Vaterunser mit seinen großen Reichsanliegen. Es wird dir viel geben.

Zu mir kam einmal eine Frau, die schrecklich jammerte, daß sie nicht beten könne, weil der Feind ihr alles wegnehme. Ich führte sie in eine Kammer bei mir und sagte: ‚Probiers und bete hier ein stilles Vaterunser, und komm dann wieder zu mir; du wirst sehen, es geht.‘ Bald kehrte sie zurück. Ich fragte: ‚Hast du beten können?‘ ‚Ja‘, antwortete sie ganz vergnügt. ‚Es ist mir wohler.‘ —

Seien wir doch dem Heiland dankbar für Seine Gabe! Denn wahrlich, das Vaterunser ist eine große, unschätzbare Gabe Gottes, die uns Jesus hinterlassen hat in unsere viele Bedrängnis und Armut hinein. Wie oft kümmert man sich mit einem Durcheinander von Gebetsworten ab, wenn die Not brennt, bis man fast von Sinnen kommt. Bleib doch beim Vaterunser, als dem festen Reichsgebet. Mit ihm gibt sich dir dein Heiland, weil der mit den Worten: ‚Also betet‘, doch auch einen besonderen Segen und besondere Kraft darauf gelegt haben muß.

Er hat's getan, du kannst's erfahren! Unser Reichsherr ist dabei!"

2. EIN ERLEBNIS FÜR VIELE

Es war noch im letzten Jahrhundert. Ein Dorfschullehrer mußte mit seiner Frau eine große Kinderschar aufziehen. Die Familienverhältnisse waren ärmlich. Einer der Söhne arbeitete sich mit großem Fleiß empor und legte die Prüfungen als Bauschlosser-, Kunstschlosser- und Eichmeister ab. Doch dann traf den Sohn der erste Schicksalsschlag, als seine Frau in jungen Jahren starb. Auch die zweite Ehe währte nicht lange: wiederum wurde ihm die Lebensgefährtin durch den Tod entrissen.

Der erst etwa Dreißigjährige geriet in tiefe Anfechtungen.

Hatte sein Leben noch einen Sinn, trotz allen beruflichen Erfolgen? In seiner Verzweiflung suchte er den See am Rande der großen Stadt auf. In der tiefen Nacht der Sinnlosigkeit seines Lebens wollte er es selbst beenden. Im christlichen Elternhaus hatte er einst gelernt, vor jedem wichtigen Entschluß und vor jedem entscheidenden Schritt im Leben ein Vaterunser zu beten. Das kam ihm jetzt wieder in den Sinn. Bevor er in den See springen wollte, faltete er seine Hände und betete: „Vater unser im Himmel …" Er betete dieses Gebet mehrmals. Halb bewußt, halb mechanisch. Und da erlebte er es während des Betens, daß die finstere Wolke der Anfechtung langsam zu weichen begann. Nach dem Amen kehrte er um und ging wieder nach Hause.

Er heiratete zum drittenmal. Die Ehe war glücklich. Seiner Frau und seinen Kindern berichtete er öfters dieses Erleben am See und fügte stets mahnend hinzu: „Wenn ihr vor schweren Entscheidungen steht, wenn euch im Leben Schweres trifft, wenn ihr nicht mehr weitergehen könnt, dann betet ein Vaterunser."

Es ist Kraft in dem Gebet des HErrn, Hilfe in Anfechtungen.

B. Weitere Hinweise zum Beten in Anfechtung

1. DAS GEBET ALS WAFFE GEGEN DIE ANFECHTUNG

Als der Evangelist Johannes Seitz in schweren inneren Kämpfen stand, rang er in anhaltendem Gebet um Befreiung aus seinen Anfechtungen.[13]

Er berichtet in seinen „Erinnerungen und Erfahrungen": „Es mögen zwei bis drei Jahre gewesen sein. Aber ich rang so mit Gott, sagte: Wenn du an den Polen des Weltalls wärest, so will ich so in das Weltall hineinschreien, daß du dich erbarmen und mir helfen mußt … und wenn du mich noch lange nicht hören wolltest, so werde ich noch lange nicht aufhören, bis du mich hörst."

Gott hat ihn zuletzt erhört, und er sagte triumphierend zu seinem Freund: „Jetzt kann ich wieder Lücken brechen in Satans Reich, ich habe Pulver gekriegt vom Himmel."

2. WIR MÜSSEN VOM SIEG JESU HER BETEN

Beim Gebet in Anfechtungen ist zu beachten, daß nicht wir den Feind besiegen, auch nicht mit unserem Beten, sondern daß der HErr es tun muß. Wir können das Gebet nicht als direkte Waffe gegen den Feind gebrauchen. Vielmehr ist das Gebet das Zwiegespräch mit dem HErrn, das den Arm des HErrn bewegen möchte.

Der HErr muß es tun. Und er kann in den Anfechtungen helfen, weil er der Sieger von Golgatha ist. In seinem Blut liegt die Kraft des Sieges beschlossen.

Angesichts des Feindes und der Macht der Finsternis rühmen wir im Gebet das Erlösungs- und Siegeswerk des HErrn am Kreuz auf Golgatha. Wir preisen seinen herrlichen Namen. Wir danken ihm, daß er den Sieg über allem behalten wird.

Einst wurde Israel in unheimlicher Weise von Mächten der Finsternis bedroht. Der König Balak konnte Israel nicht in offener Feldschlacht mit Waffengewalt entgegentreten. Er wandte ein unheimliches Mittel an: Bileam sollte Israel verfluchen. Aber Gott kehrte jedes Mal den Fluch Bileams in einen Segen. Was war das Geheimnis der Bewahrung Israels? Israel rühmte und lobte im Lager seinen Gott.

Und noch etwas anderes ist wichtig. Wir beten als solche, die Jesus erlöst hat und in denen Jesus selbst lebt. Wir beten von dem „Christus in uns" her zu dem „Christus für uns" hin.

C. Gebetshilfen aus der Bibel

In Anfechtungen bewährt sich besonders das Beten von Psalmen. In der Tiefe der Anfechtung erschließt sich uns das Gold der Psalmen. Es liegt nicht an der Oberfläche unseres Alltags.

Luther schreibt in seiner Vorrede zum Psalter von 1528[14]: Es „ist das allerbeste, daß sie (die Psalmdichter) solche Worte gegen Gott und mit Gott reden. Das macht, daß zwiefältiger Ernst und Leben in den Worten sind. Denn wo man sonst mit Menschen in solchen Sachen redet, gehet es nicht so sehr von Herzen, brennet, lebt und dringet es nicht so sehr. Daher kommt's auch, daß der Psalter aller Heiligen Büchlein ist, und ein jeglicher, in was für Umstände er (auch) ist, Psalmen und Worte drinnen findet, die sich auf seine Sachen reimen und ihm so angemessen sind, als wären sie allein um seinetwillen so gesprochen, daß er sie auch selbst nicht besser sprechen noch finden kann noch wünschen mag."

Wer in Anfechtungen zum Psalmbuch greift, macht neue Entdeckungen und erfährt viel Hilfe.

Wir beten in der Anfechtung Psalmen, die sich gegen die Feinde Gottes wenden wie beispielsweise Psalm 56. David bringt die ganze Not der Anfechtung vor den HErrn: „Gott, sei mir gnädig, denn Menschen stellen mir nach; täglich bekämpfen und bedrängen sie mich." Der Blick des Beters wird dann hingelenkt zum HErrn, von dem allein wir Hilfe empfangen können: „Wenn ich mich fürchte, so hoffe ich auf dich." Wichtig ist bei diesem Gebet in Anfechtung, daß wir Gott, sein Wort und seine Heilstaten rühmen: „Ich will Gottes Wort rühmen; auf Gott will ich hoffen und mich nicht fürchten. Was können mir Menschen tun?"

Oder wir beten den 103. Psalm, den großen Lob- und Dankpsalm der Bibel:

„Lobe den HErrn, meine Seele, und was in mir ist,
seinen heiligen Namen!
Lobe den HErrn, meine Seele, und vergiß nicht, was er dir
Gutes getan hat:
der dir alle deine Sünden vergibt und heilet alle deine
Gebrechen,
der dein Leben vom Verderben erlöst, der dich krönet
mit Gnade und Barmherzigkeit.
Barmherzig und gnädig ist der HErr, geduldig und von
großer Güte.
Er handelt nicht mit uns nach unseren Sünden und vergilt uns
nicht nach unserer Missetat.
Wie sich ein Vater über Kinder erbarmt, so erbarmt sich der
HErr, über die so ihn fürchten.
Lobe den HErrn, meine Seele!"

Mitten im Dunkel der Not, in der Finsternis der Anfechtung, in quälenden Zweifeln und Fragen, inmitten der Verzagtheit und des Kummers halten wir uns an die Worte aus Psalm 118:

„Der Herr ist meine Macht und mein Psalm und ist mein Heil.
Man singt mit Freuden vom Sieg in den Hütten der Gerechten:
Die Rechte des HErrn behält den Sieg!
Die Rechte des HErrn ist erhöht;
die Rechte des HErrn behält den Sieg!
Ich werde nicht sterben, sondern leben und des HErrn Werke
verkündigen.
Du bist mein Gott, und ich danke dir; mein Gott, ich will dich
preisen.
Danket dem HErrn, denn er ist freundlich, und seine Güte
währet ewiglich."
Dies ist Glauben.

D. Gebetshilfen aus den Liedern

Unsere Gesangbücher enthalten einen reichen Schatz von
Hilfen für unser Gebet, auch für das Gebet in der Anfechtung.

Es ist hilfreich, wenn wir uns einige Liedverse als eiserne
Ration für Anfechtungen einprägen. Aus der Fülle der Gesang-
buchlieder seien hier einige Lieder, die sich als Gebet in Anfechtungen bewähren, genannt.

Christoph Blumhardt der Ältere hat seine reichen Erfahrungen in sein bekanntes Siegeslied hineingelegt:[15]

Daß Jesus siegt, bleibt ewig ausgemacht,
sein wird die ganze Welt;
denn alles ist nach seines Todes Nacht
in seine Hand gestellt.
Nachdem am Kreuz er ausgerungen,
hat er zum Thron sich aufgeschwungen.
Ja, Jesus siegt!

Ja, Jesus siegt! Seis, daß die Finsternis
im Trotzen wütend schnaubt,
seis, daß sie wähnt, mit ihrem giftgen Biß
hätt sie ihm viel geraubt:
Die Seinen läßt in Not und Grämen
sich unser Held doch niemals nehmen.
Ja, Jesus siegt!

Ja, Jesus siegt, obschon das Volk des HErrn
noch hart darniederliegt.
Wenn Satans Pfeil ihm auch von nah und fern

mit List entgegenfliegt,
löscht Jesu Arm die Feuerbrände;
das Feld behält der HErr am Ende.
Ja, Jesus siegt!

Ja, Jesus siegt! Seufzt eine große Schar
noch unter Satans Joch,
die sehnend harrt auf das Erlösungsjahr,
das zögert immer noch:
so wird zuletzt aus allen Ketten
der HErr die Kreatur erretten.
Ja, Jesus siegt!

Ja, Jesus siegt! Wir glauben es gewiß,
und glaubend kämpfen wir.
Wie du uns führst durch alle Finsternis,
wir folgen, Jesu, dir.
Denn alles muß vor dir sich beugen,
bis auch der letzte Feind wird schweigen.
Ja, Jesus siegt!

Ein Gebet aus der Tiefe sind die Verse *Johann Heinrich Schröders:*

Jesu, hilf siegen, du Fürste des Lebens;
sieh, wie die Finsternis dringet herein;
wie sie ihr höllisches Heer nicht vergebens
mächtig aufführet, mir schädlich zu sein.
Satan, der sinnet auf allerhand Ränke,
wie er mich sichte, verstöre und kränke.

Jesu, hilf siegen und laß mich nicht sinken!
Wenn sich die Kräfte der Lüge aufblähn
und mit dem Scheine der Wahrheit sich schminken,
laß doch viel heller dann deine Kraft sehn.
Steh mir zur Rechten, o König und Meister,
lehre mich kämpfen und prüfen die Geister.

Jesu, hilf siegen im Wachen und Beten;
Hüter, du schläfst ja und schlummerst nicht ein;
laß dein Gebet mich unendlich vertreten,
der du versprochen, mein Fürsprech zu sein.
Wenn mich die Nacht mit Ermüdung will decken,
wollst du mich, Jesu, ermuntern und wecken.

Jesu, hilf siegen! Wenn alles verschwindet
und ich mein Nichts und Verderben nur seh,
wenn kein Vermögen zu beten sich findet,
wenn ich vor Angst und vor Zagen vergeh,
ach HErr, so wollst du im Grunde der Seelen
dich mit dem innersten Seufzen vermählen.

Jesu, hilf siegen und laß mirs gelingen,
daß ich das Zeichen des Sieges erlang,
so will ich ewig dir Lob und Dank singen,
Jesu, mein Heiland, mit frohem Gesang.
Wie wird dein Name da werden gepriesen,
wo du, o Held, dich so mächtig erwiesen.

Mutmachend ist das Lied von *Wilhelm Erasmus Arends:*

Rüstet euch, ihr Christenleute;
die Feinde suchen euch zur Beute,
ja Satan selbst hat eur begehrt!
Wappnet euch mit Gottes Worte
und kämpfet frisch an jedem Orte,
damit ihr bleibet unversehrt!
Ist euch der Feind zu schnell,
hier ist Immanuel.
Hosianna! Der Starke fällt durch diesen Held,
und wir behalten mit das Feld.

Reinigt euch von euren Lüsten,
besieget sie, die ihr seid Christen,
und stehet in des Herren Kraft!
Stärket euch in Jesu Namen,
daß ihr nicht strauchelt wie die Lahmen;
wo ist des Glaubens Ritterschaft?
Wer hier ermüden will,
der schaue auf das Ziel;
da ist Freude.
Wohlan, so seid zum Kampf bereit,
so krönet euch die Ewigkeit!

Streitet recht die wenig' Jahre,
eh ihr kommt auf die Totenbahre;
kurz, kurz ist unser Lebenslauf.
Wenn Gott wird die Toten wecken
und Christus wird die Welt erschrecken,
so stehen wir mit Freuden auf.
Gott Lob, wir sind versöhnt!
Daß uns die Welt noch höhnt,
währt nicht lange;
und Gottes Sohn hat längstens schon
uns beigelegt die Ehrenkron.

Jesu, stärke deine Kinder
und mach aus denen Überwinder,
die du erkauft mit deinem Blut.
Schaffe in uns neues Leben,
daß wir uns stets zu dir erheben,
wenn uns entfallen will der Mut.
Gieß aus auf uns den Geist,

dadurch die Liebe fleußt
in die Herzen;
so halten wir getreu an dir
im Tod und Leben für und für.

Glaubensstark sind die Worte von *Friedrich Oser:*

Zeuch an die Macht, du Arm des Herrn,
wohlauf und hilf uns streiten!
Noch hilfst du deinem Volke gern,
wie du getan vor Zeiten.
Wir sind im Kampfe Tag und Nacht;
o Herr, nimm gnädig uns in acht
und steh uns an der Seiten.

Mit dir, du starker Heiland du,
muß uns der Sieg gelingen;
wohl gilts zu streiten immerzu,
bis einst wir dir lobsingen.
Nur Mut! Die Stund ist nimmer weit,
da wir nach allem Kampf und Streit
die Lebenskron erringen.

Drängt uns der Feind auch um und um,
wir lassen uns nicht grauen;
du wirst aus deinem Heiligtum
schon unsre Not erschauen.
Fort streiten wir in deiner Hut
und widerstehen bis aufs Blut
und wollen dir nur trauen.

Herr, du bist Gott! In Deine Hand
o laß getrost uns fallen.
Wie du geholfen unserm Land,
so hilfst du fort noch allen,
die dir vertraun und deinem Bund
und freudig dir von Herzensgrund
ihr Loblied lassen schallen.

Zu wenig wird in Anfechtungen das bekannte Lied *Martin Luthers* beachtet:

Ein feste Burg ist unser Gott,
ein gute Wehr und Waffen.
Er hilft uns frei aus aller Not,
die uns jetzt hat betroffen.
Der alt böse Feind,
mit Ernst ers jetzt meint;
groß Macht und viel List
sein grausam Rüstung ist,
auf Erd' ist nicht seinsgleichen.

Mit unsrer Macht ist nichts getan,
wir sind gar bald verloren;
es streit' für uns der rechte Mann,
den Gott hat selbst erkoren.
Fragst du, wer der ist?
Er heißt Jesus Christ,
der Herr Zebaoth,
und ist kein andrer Gott,
das Feld muß er behalten.

Und wenn die Welt voll Teufel wär
und wollt uns gar verschlingen,
so fürchten wir uns nicht so sehr,
es soll uns doch gelingen.
Der Fürst dieser Welt,
wie saur er sich stellt,
tut er uns doch nichts;
das macht, er ist gericht'.
Ein Wörtlein kann ihn fällen.

Das Wort sie sollen lassen stahn
und kein Dank dazu haben;
er ist bei uns wohl auf dem Plan
mit seinem Geist und Gaben.
Nehmen sie den Leib,
Gut, Ehr, Kind und Weib,
laß fahren dahin,
sie haben's kein' Gewinn,
das Reich muß uns doch bleiben.

Nicht zuletzt sind auch zwei der neueren Lieder unseres Kirchengesangbuches eine Hilfe. *Otto Riethmüller* hat sie verfaßt.
Das eine:

Herr, wir stehen Hand in Hand,
die dein Hand und Ruf verband,
stehn in deinem großen Heer
aller Himmel, Erd und Meer.

Wetter leuchten allerwärts,
schenke uns das feste Herz;
deine Fahnen ziehn voran,
führ auch uns nach deinem Plan.

Welten stehn um dich im Krieg,
gib uns teil an deinem Sieg.
Mitten in der Höllen Nacht
hast du ihn am Kreuz vollbracht.

In die Wirrnis dieser Zeit
fahre, Strahl der Ewigkeit;
zeig den Kämpfern Platz und Pfad
und das Ziel der Gottesstadt.

Mach in unsrer kleinen Schar
Herzen rein und Augen klar,
Wort zur Tat und Waffen blank,
Tag und Weg voll Trost und Dank.

Herr, wir gehen Hand in Hand,
Wandrer nach dem Vaterland;
laß dein Antlitz mit uns gehn,
bis wir ganz im Lichte stehn.

Das andere Lied:

Nun gib uns Pilgern aus der Quelle
der Gottesstadt den frischen Trank,
laß über der Gemeinde helle
aufgehn dein Wort zu Lob und Dank.

Gib deiner Liebe Lichtgedanken
mit Vollmacht uns in Herz und Mund,
mach, woran Leib und Seele kranken,
durch deine Wunderhand gesund.

Schließ auf, Herr, über Kampf und Sorgen
das Friedenstor der Ewigkeit.
In deiner Burg sind wir geborgen,
zum Kampf gestählt, zum Dienst bereit.

Zeig uns dein königliches Walten,
bring Angst und Zweifel selbst zur Ruh,
du wirst allein ganz recht behalten:
Herr, mach uns still und rede du.

Diese kleine Auswahl von Liedern möchte einen Hinweis
geben, wie reich der Inhalt unserer Gesangbücher ist.

III. Hilfe durch das Wort Gottes

Je stärker die Anfechtungen werden, desto tiefer sollten wir
uns in Gottes Wort hineinflüchten.

A. Das Zeugnis der Bibel

Die Schrift selbst bezeugt uns, wie sie dem Angefochtenen
eine Hilfe ist. Allein der längste Psalm der Bibel, der 119.
Psalm, enthält zahlreiche Hinweise:

„Deine Gnade soll mein Trost sein, wie du deinem Knecht zugesagt hast. Meine Seele verlangt nach deinem Heil; ich hoffe auf dein Wort" (V. 76.81).

„Wenn dein Gesetz nicht mein Trost gewesen wäre, so wäre ich vergangen in meinem Elend" (V. 92).

„Ich bin sehr gedemütigt; HErr, erquicke mich nach deinem Wort!" (V. 107).

„Laß meinen Gang in deinem Wort fest sein und laß kein Unrecht über mich herrschen" (V. 133).

„Ich komme in der Frühe und rufe um Hilfe; auf dein Wort hoffe ich" (V. 147).

„Sieh doch mein Elend und errette mich; denn ich vergesse dein Gesetz nicht. Führe meine Sache und erlöse mich; erquicke mich durch dein Wort" (V. 153-154).

„Fürsten verfolgen mich ohne Grund; aber mein Herz fürchtet sich nur vor deinen Worten. Ich freue mich über dein Wort wie einer, der große Beute macht" (V. 161-162).

„HErr, laß mein Klagen vor dich kommen; unterweise mich nach deinem Wort" (V. 169).

B. Tägliches Bibellesen als Quelle der Hilfe und Kraft

In der Anfechtung hilft nur regelmäßiges und intensives Lesen in der Bibel. Darin müssen wir uns üben. Oft sind Anfangsschwierigkeiten zu überwinden. Unser Bibellesen gleicht dann einem Pflug, der zunächst über die Erde hinwegrutscht, bis er schließlich greift und in die Tiefe geht. Dann kommen die Schätze der Bibel zutage.

Es ist eine leidige Frage, wie wir für Gebet und Bibellesen die nötige Zeit aufbringen sollen. Vielleicht hilft eine Überlegung weiter. Manche Jünger Jesu geben den Zehnten ihres Einkommens für die Reichsgottesarbeit. Wie steht es aber mit unserer Zeit? Sollten wir uns nicht darum bemühen, auch den Zehnten unserer Zeit unserem HErrn zur Verfügung zu stellen, und zwar besonders für das Bibellesen und Beten? Nicht nur für christliche Aktivitäten, sondern für unser eigenes Forschen im Wort Gottes und für unser eigenes Beten. Andernfalls werden wir schnell unfruchtbare Feigenbäume.

Beim Bibellesen in Anfechtungen können wir uns besondere Bibelworte und Kapitel der Schrift vornehmen. Aber es hilft schon deutlich, wenn wir überhaupt nach einem Plan in der Bibel lesen, auch wenn es keine Bibelstellen sind, die sich unmittelbar auf Anfechtungen beziehen.

Auch und besonders in Anfechtungen lernt man mit Nikolaus Ludwig Graf von Zinzendorf beten:

> HErr, dein Wort, die edle Gabe,
> diesen Schatz erhalte mir,
> denn ich zieh es aller Habe
> und dem größten Reichtum für!
> Wenn dein Wort nicht mehr soll gelten,
> worauf soll der Glaube ruhn?
> Mir ists nicht um tausend Welten,
> aber um dein Wort zu tun.

Anmerkungen

1 Am 3. und 4. Oktober 1977 veranstaltete der Theologische Konvent der Konferenz bekennender Gemeinschaften[2] in den evangelischen Landeskirchen in Deutschland in Frankfurt/Main im evangelischen Gemeindezentrum Dominikanerkloster eine Einkehrtagung mit dem Thema „Geistliche Erneuerung im Glaubenskampf". Dem Verfasser war es aufgetragen, die Predigt des Eröffnungsgottesdienstes über 2. Timotheus 2,5 zu halten. Sie ist im Folgenden — an einigen Stellen leicht erweitert — wiedergegeben.

2 Die Konferenz bekennender Gemeinschaften in den evangelischen Landeskirchen in Deutschland (BRD), abgekürzt: KbG, wurde am 7. Oktober 1970 in Frankfurt/Main gegründet. Gründungsmitglieder sind die Bekenntnisbewegung „Kein anderes Evangelium", die Kirchliche Sammlung um Bibel und Bekenntnis (in der BRD, ausgenommen die Bayrische Landeskirche), die Kirchliche Sammlung um Bibel und Bekenntnis in Bayern, die Ludwig-Hofacker-Vereinigung in Württemberg, die Evangelische Sammlung Berlin. Später traten der KbG der Gnadauer Verband (BRD) und die Notgemeinschaft evangelischer Deutscher (heute: Evangelische Notgemeinschaft in Deutschland) bei. Die Selbständige Evangelisch-Lutherische Kirche ist Gastmitglied.

3 So hat es einmal Fritz Rienecker in einem seiner Bücher bemerkt.

4 Howard und Geraldine Taylor, Das geistliche Geheimnis Hudson Taylors, 1974, Verlag der Liebenzeller Mission, Seite 112—120.

5 Johannes Seitz, Wachet-prüfet-betet!, in: Bernhard Kühn, Die Pfingstbewegung im Lichte der Heiligen Schrift und ihrer eigenen Geschichte, zweite, vollständig neu bearbeitete und bedeutend vermehrte Auflage von „In kritischer Stunde", ohne Jahresangabe, Verlag Missionsbuchhandlung P. Ott, Gotha, Seite 9ff.

6 Der Herausgeber Bernhard Kühn bemerkt dazu in einer

Fußnote: „Das ist vor zwei Jahren geschrieben worden, inzwischen hat sich die Situation noch bedeutend geklärt ... Jetzt sehen wir klar, daß der Los-Angeles-Geist und die *ganze* Bewegung von unten ist."

7 Dieses Thema war für die biblische Besinnung der Ludwig-Hofacker-Konferenz 1977 vorgegeben. Die Konferenz fand in diesem Jahr am 9. Juni als Versammlungen an sechs verschiedenen Orten statt. Der Verfasser hielt diese Bibelbetrachtung bei der Teilkonferenz in Schwäbisch Gmünd.

8 Der Verfasser versieht neben anderen Aufgaben auch die Leitung des Seminars der Liebenzeller Mission.

9 Zitiert nach dem Lutherlexikon, herausgegeben von Kurt Aland, 1957, Ehrenfried Klotz Verlag, Stuttgart, Seite 20—21.

10 Berichtet und zitiert nach Martin Haug, Er ist unser Leben, 6. Auflage 1952, Verlag J. F. Steinkopf, Stuttgart, Seite 33.

11 Zitiert nach Johann Christoph Blumhardt, Seelsorge, Ausgewählte Schriften, Dritter Band, 1949, Gotthelf-Verlag, Zürich, Seite 86—90 und 92—93.

12 Zitiert nach Johann Christoph Blumhardt, Das Vaterunser, Kronenbüchlein / Neue Folge 22, 5. Auflage 1960, Evangelischer Missionsverlag, Stuttgart, Seite 11—14.

13 Berichtet und zitiert nach Martin Haug, a.a.O., Seite 34.

14 Zitiert nach Luther Deutsch, Band 5, 2. erweiterte und neubearbeitete Auflage 1963, Ehrenfried Klotz Verlag, Stuttgart, Seite 35.

15 Die Lieder werden hier ausführlicher zitiert, damit sie der Leser beim Gebet sogleich zur Hand hat.

In der TELOS-Paperbackreihe erschienen folgende Titel